河出文庫

神に追われて
沖縄の憑依民俗学

谷川健一

河出書房新社

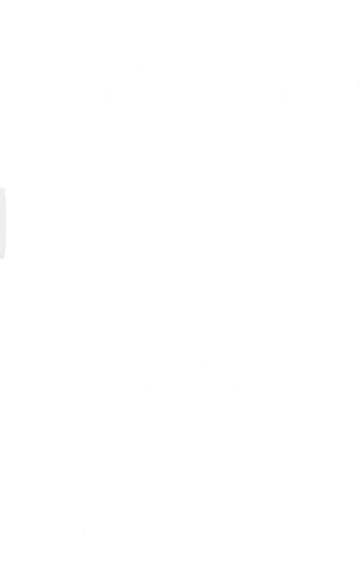

神に追われて　沖縄の憑依民俗学

◉

目次

神の森　164

神に追われて　沖縄の憑依民俗学

天の猟犬

――フランシス・トムスン

夜はいく夜、昼はいく日を、われ神を逃げたり。
いく年の門をもよぎり、われ神を逃げたり。
おのが心の迷ひ宮にも似たる道を通りて
神を逃げたり。しかして涙の霧の中に
神よりかくれぬ。又は笑ひの河をくぐりつつ。

（斎藤勇訳）

魂の危機

一九六九年、八重山をはじめて訪れたとき、石垣港近くの、今日では民宿と呼んでも差支えない鄙びた旅宿に泊ったが、そこの家の老婆の許《もと》に出入するユタ（シャーマン）がいると聞き、会って色々と質問する機会があった。宮古群島の池間島《いけまじま》の出身の女性ということで、五十を過ぎた程度の、いつも黒ずくめの衣裳をまとい、雨が降らない日も黒い洋傘をさしていた。

その女性と交わした会話の中で、記憶に残っているものをいくつか紹介する。

神とは一体何者かという私の問いに、「御嶽（八重山ではオン、宮古や沖縄本島ではウタキと呼ぶ）の神は、それぞれの集落の祖先、それもりっぱな人をまつったものである。神さまは人間がなったので、別の神さまがあるわけではない」

という答えがかえってきた。

「では神はどんなかっこうをしているか」と聞くと、

「神はぼろぼろの衣裳をして、乞食同然のすがたで現われる。それは人を試すためのものである」

乞食のすがたに身をやつした神、それは多くの神話や民話に共通のパターンの一つと呼んで差し支えないものだ。しかしそれがユタの口からさりげなく出たのにおどろいた。

「常陸国風土記」に見られる御祖《みおや》の神を泊めなかった富士山が罰せられ、歓待した筑波の山が祝福を受けるという記述に、人間を試す神という考えをみとめることができる。それと酷似する話が石垣島の川平《かびら》などの集落に残っている。

あとで述べるように、「乞食の老人の姿に身をやつした神」は宮古島のユタの伝承にもしばしば登場する。

そこで私は「あの世」のことを聞こうと思い立った。「あの世」を沖縄ではひろく後生《ぐしょう》と呼んでいる。

「あなたは後生にいったことがあるか」

「いったことがある。死んだ母の袖につかまって空を飛んだ」

「後生には何があるか」

「この世にある一切のものが後生にもある。学校も警察も、各人はこの世でくらしたのとまったくおなじように生活する」

「後生からどうして帰ったか」

「やはり空を飛んで帰った。後生の渚に大ぜいの人たちが並んで見送った。みんな白い衣裳を着ていた。後生の神が、あとをふりかえってはならぬと言った。途中で、いましめを忘れてふとふりかえった。すると、大ぜいの見送り人はすべて骸骨だった」

冥府から現世に戻るとき、ふりかえってはならぬという禁忌を忘れたオルフェウスの故事は有名だが、それらをこのユタが書物を読んで知っていたわけではもちろんない。しかしひとりの無知なユタの創作にしては、思いあたる節が多すぎる、と私はおもう。後生を訪れたものが現世に戻るという話の背後には、シャーマンが瀕死の病人の魂を冥府から連れ戻す儀礼の反映があると考えられている。シャーマンは忘我恍惚《トランス》を得意とし、そのトランスの間に、魂は肉体を離れて天上界に昇り、地下界に降りていく能力をもつと信じられている。

竹富島では、ユタにむかっては「物知り」と言わねばならぬ、ユタは蔑称だから、といっている。物知りのモノは他界のことである。ユタを物知りと呼ぶのは他界の消息に通じた人々という意味である。

宮古島に伝わる「与那覇勢頭豊見親《よなはせどとよみや》の神歌《ニーリ》」も瀕死の病人を冥界から呼びもどす儀礼のときにうたわれるユタの呪詞《じゅし》を土台として生まれたものであろう。与那覇勢頭豊見親は別名をニッジャウプテダと呼ばれたという。ニッジャは宮古でいう冥界のことである。テダは太陽のことであるが、ここでは豪族を意味している。すなわち、冥界（ニッジャ）にいったことのある大きな豪族（ウプテダ）という意味である。今も宮古に残る伝承によると、与那覇勢頭豊見親は城辺《ぐすくべ》町の根間《にいまず》というところでいったん死んだが、三日目に平良《ひらら》市のカサマに出てきた。そこは古い横穴式の墳墓で、テダ（与那覇勢頭豊見親）を迎えた墓ということから、テダンカイバカ（太陽迎《てだむか》え墓）と呼ばれている。ところで別の伝承によると、彼は現世に送りかえされるときに、後生《ぐしょう》のことを話してはならぬ、もし話したら直ちに死なねばならぬ、と戒められていた。後年その戒めをふと忘れたために、死んだと言われている。その死んだとされる場所は、平良市の張水《はりみず》港の背後の小高い丘にあり、現在盛り場になっている。

後生から生き返ったが、後生のことを話してはならぬという戒めを犯したために死んだ人の話は、ほかにも宮古にはいくつも残っている。

ある男は、妻恋しさのあまり、墓の中に入って後生の妻と会った。妻は彼を自分の白い下袴《かかん》のなかに入れて現世に送り出した。そして自分のことを話してはならぬと固く戒めたが、その男は現世に帰って、あるとき酒を一杯飲まされ、ついうっかり後生のことを洩らしたために、その場で死んだという。これは平良市のあるカンカカリヤ（ユタ、神が懸った人）から聞いた話である。

シャーマンが冥界を訪問する話は、瀕死の病人の魂の現世への召還を目指す儀礼にまつわるほかに、夢の中で浮遊し彷徨する場合もあることは、多くのカンカカリヤの体験談でたしかめられる。

宮古島の平良市下崎《しもさき》のせまい家にひとり住む与那覇メガという女性に出会ったのは一九七〇年のことであるが、当時八十五歳の老女は鳥の話する声がよく分かり、天の大神が親天太《おやてだ》・母天太《んまてだ》をつかわして宮古の島建てを命じたとき、この二神の天降りした万古山《ばんこやま》のウタキのことを教えたのは鳥であったという。メガが畑を打っていると、鳥はメガの頭にとまり、歌をうたうようにして、ウタキの所在を教えたのであった。その鳥というのは、首の太い、胴のながい白鳥《しろとり》であって、いつも「太陽が洞窟《てだがま》」を守っているという。

「太陽が洞窟」はどこにあるかと聞けば、万古山のウタキの拝所《ウガン》の直ぐうしろの海岸の洞窟で、メガしかはいることはできない。メガは一年に一度、七日七夜のあいだ、水だけ飲んで（この水は生命の水、すなわちスデ水である）海水でみそぎをしながら、そこにひとり籠る。八日目の朝、太陽《てだ》を誕生させるための用意をする。誕生した太陽《てだ》が水浴びする場所も、その洞窟の中にある。メガの言によれば、この洞窟に傘石《かさいし》（陰陽石）があるとのことである。とすれば、太陽《てだ》の親神と老神女との儀礼的な交媾がおこなわれることも考えられる。

このメガの話は一見恣意的であるようであるが、そうではない。太陽が水浴びする話はすでに古代中国にあり、その場所は咸池（「楚辞」）または甘淵（「山海経」）とされている。こうした海外の古い伝承の残欠が宮古島の無学な老婆の口から発せられるまでどのような時空を経由したか、そのいきさつは知る由もないが、信用の置けない巫蠱《ふこ》の徒の虚誕《きよたん》と一蹴することのできないことをそのときつよく感じた。

与那覇メガは特異な体験の持主であった。彼女の話によれば昭和五年（一九三〇）、四十五歳の旧三月十六日の暴風雨の夜、神の使者と称するミノカサを着た老人が訪ねてきて、神の道を開けることをうながした。それから二人の神がたびたび夜中にやってきて、神々の集まる遊宴の座に連れていくようになった。このように、二人の神に守られて、午前二時頃から午前五時頃まで雨の夜も風の夜も、神の道開《あ》けのための修業を百日もつづけた。そのとき、海の上を歩いたり、海を泳いだりしたが、衣服が少しも濡れなかったと証言しているところを見ると、あるいは夢中のできごとか、神の道開けのまえの苦しい試練の時期に夢遊病者のように歩く神ダーリの体験であったかも知れない。

「神ダーリ」は奄美や沖縄で日常に使われている言葉であるが、巫病と称すべきものである。巫病にかかったとき身体がだるくなり、欠伸《あくび》を連発することから、ダーリはだるいに由来する語であると言われているが、タタリの原義である顕《た》つと関連があるかも知れない。神ダーリは神が顕つという意味と私は考えたい。

ありふれた日常生活を送っている人がとつぜん幻視や幻聴におそわれ、食物を受けつけなくなり、半病人のようなかっこうで、真夜中でもふらふらとさまよい歩く。医者に診せても治癒しないとき、南島では一応巫病にかかっているのではないかと疑うのである。巫病の特徴は一定の期間を経過すると、ふたたび常人にもどって、社会生活ができるということである。言動の健全さを取り戻す回復力が巫病にかかった人に秘められている。

神ダーリは神によってためされる試練である。その危機を乗り切らなければ、一人前の巫者になることも、健全な心身を取り戻すこともできない。この試練時にはさまざまな誘惑がおそう。神の声として聞えてくるものが、じつは邪神の声だったりすることがよくある。その声に耳を傾け、その声通りに行動すれば、たちまちのうちに袋小路に突きあたり、おそろしい狂者の運命が待ちかまえている。誘惑者の声はあまく、やさしい。

南島では邪神をマジムン（蠱物）と呼んでいる。マジムンは神ダーリにかかった人を隙あらば迷った道に引きこもうとする。たとえば、どこどこにいい神がいるから拝みなさいと誘いかけ、目指す自分の神のところにたどりつかないように仕向ける。その邪神の声にしたがったが最後、狂気から回復する道は永久に閉ざされる。

南島通いを始めた頃、私は奄美大島の名瀬《なぜ》で写真家であり詩人でもある人と親しくなり、その家庭に出入りするようになった。たまたま話題がユタのことに及ぶと、友人の奥さんが自分は神にユタになれと言われて幾度も「延期ねがい」をしたことがあるという話をした。その奥さんは家庭のつとめをきちんと果しているのに、時々神の道に入れとの声を聞く。そこで子どもがまだ小さいからとか、夫の仕事があるからという理由で、しばらく待ってほしいと神意をなだめ、神に対してしばらくの猶予を乞う祈願をする。その奥さんは「延期ねがい」が神に許されなくなる日がくることをおそれているように見えた。彼女の母もかつては「神ダーリ」のとき邪神のまどわしに遭って、ついには自分の家の屋上につくられた物干場で縊死したというのである。

イエスが荒野で四十日間すごし、悪魔の誘惑とたたかったときの試練を、南島の神ダーリにかかった者も大なり小なり体験させられるのである。

神ダーリはとつぜんやってくる。しかしその前に兆候がないわけではない。まず神の声を聞くとか神の姿を見るという特殊な体験を通して、神の道に入れという召命がある。しかし神の道に入るということは一方では世俗的な欲望を抑制することであるから、とうぜんのことであるが、神の命令を無視し、あたりまえな生活をつづけようとする。そこで神は召命を受けた女の世俗的な欲望をことごとく打ち挫くのである。自分や家族の健康、平和、または仕事の成功へと向う欲望を邪魔して、つぎつぎに断念するように仕向けていく。これはヨブが受けた試練を思い出さずには置かない。

世間なみの幸福への願望が神から取りあげられてしまい、失意の底に突き落されているのに、さらに神ダーリの苛酷な試練がおそいかかる。南島の巫女への道がこのような経緯を踏んで進行することをよく知っているがゆえに、奄美の友人の妻君は「延期ねがい」を何度も出したのである。

これまでの話を更に具体的なものにするために一つの体験談を紹介する。

その女性は沖縄本島南部でユタをやっていた。十六歳のときから透視力をそなえ、近隣の家に起こる火事や盗難を予言し、それが的中した。やがて彼女は結婚し、子どもを一人もうけるが、二十歳を少し越したばかりの頃、ある晩に寝ている自分を呼ぶ声がするので見ると枕元に長いひげを生やした白装束の老人が立っていた。そして「お前は人助けをしなければいけない。人助けをすれば、お前は栄えるが、もしお前がそれをいやがれば、お前に禍いが及ぶだろう」と予告する。

この神の声を聞いた女は、それを無視して豆腐屋をやる。最初はうまくいって繁昌したが、やがてその作る豆腐は堅すぎたり柔かすぎたりして、売り物にならなくなる。次に養豚業をやる。これも二、三十頭まではうまくいったが、そのあと病気でもない豚がバタバタ死んでいく。そこで養豚業をやめてアイスケーキ屋に転業する。これも初めは繁昌するが、とつぜん機械が故障したり、また機械は動いているのに、肝心のアイスケーキが固まらない。今度はテンプラ屋をやった。ところがテンプラを揚げている油鍋の中に、苦しんでいる自分の姿が映る。ときにはその油鍋の中から白装束の神があらわれて「おまえはいつになったら人助けをするか。おまえが揚げるテンプラのように、おまえの顔を油鍋に押し込んでみせようか」と言う。そのとき、女は油鍋の油すれすれに顔を押しあてている自分にはっと気付いて、あわてて油鍋から飛びのくという事がたびたびあった。そのうち、なんども泥棒に入られて、売上げをごっそり持っていかれたこともあった。

それまで神の言うことを聞かなかった酬いが彼女の三十九歳のときふりかかってきた。父親が盲腸の手術をすると死ぬことが分かったが、それをとどめ得なかったこと、自分の兄がハブにかまれて死ぬことを予知しながら、それを告げないで死なせるということが起った。

「おまえは何人殺したら気がすむのか」

その夜、枕元にあらわれた白装束の神はなじった。その翌日から、彼女は皿一杯の塩と水以外は食べることができなくなった。一日中、寝ているのか起きているのかも分からなくなった。

そうして三ヶ月と三日目の夜に、麦穂の束と稲穂の束が一束ずつ、クルクルと回りながら近づいてくると、彼女の目の前でピタッととまった。

「おまえはこの麦穂と稲穂のうち、どれが欲しいか。おまえの欲しいものを言え」

「麦穂も稲穂もどちらも大切です。両方から半分ずつ下さい」

彼女が答えるのとほとんど同時に、麦穂の束も稲穂の束も消えた。すると、こんどは、彼女は黄金の橋の前に立っていた。橋の向うには大きな帆掛け舟が見えた。女は橋をわたり、舟に乗って向う岸に着き、しばらくすると、りっぱな御殿の中で、金屏

風を前に坐っている自分を見出した。屛風の向う側には白装束の神が坐っていた。そうして、

「おまえはすべてに合格した。おまえは人助けをやらねばならない」

と言い渡された。そのときから彼女は正常にもどり、ユタのつとめをするようになった。ユタは、したいからといってできるものでなく、またしたくないからといって、それを避けることができるものでもない。それはすべて神様が決めることで、どうしようもないと彼女は述懐する。

「でも、ユタは嫌な仕事だと今でも思う」と自分の心境を最後に付加することを忘れない。

　このユタの告白はさまざまな問題を含んでいる。その中で最も重要なのは、神が世俗へ向かう彼女の欲望を邪魔して、断念させるようにしたことであろう。

　神に追われて、逃げおおせることができなくなった時に、神に自分の魂をゆずり渡す。これが南島で神の道に入った女の原則的で典型的な姿である。彼女らに共通しているのは自ら求めて神の道に入ったのではなく、むしろ自分の意志に反して、神の命ずる道に進まざるを得なくなったということである。それはダマスクスの門外にいたるまでのパウロの心境と変わらない。これは信仰は自分から進んで持とうと思っても

できることではない、という言い方にもなる。

私が南島通いをしてユタとかカンカカリヤと呼ばれる南島の巫女の入信のいきさつに並々ならぬ興味をおぼえたのは、人間的な烈しい苦悩を通して、巫女たちの精神が形成されていることを知ってからのことである。彼女らの受けた試練は一歩まちがえると、死か狂気の道をたどらねばならないという恐怖を伴うものであった。そこに民間宗教と高級宗教との差がある筈はなく、あったとしてもそれは外見だけのものにすぎなかった。

福音書を見ればイエスもしばしば悪霊を追い出し、病人を癒している。そのために彼は悪魔の頭の力を利用して悪霊を追い出していると非難され、多くの人びとからイエス自身汚れた霊に取り憑かれているとさげすまれ、気が変になっていると噂され、イエスの身内の者たちはイエスを取り押えにやってきている。ここではイエスは危険な巫者の姿を衆人の前にさらしている。未開社会で悪霊を追い出し病気を治療する呪術師の医師とイエスは寸分もちがわないのである。このような一面を強調することは正統的なキリスト教の信者には気に入らないかも知れない。しかしイエスがパリサイ派や律法学者の指弾し嫌悪する汚鬼に憑かれた行動をおこなったことはまぎれもない事実である。

福音書には次のようなイエスの説話が記されている。

汚れた霊は、人から出て行くと、砂漠をうろつき、休む場所を探すが、見つからない。それで「出て来たわが家に戻ろう」と言う。そして戻ってみると、家は掃除をして、整えられていた。そこで出かけて行き、自分よりも悪い七つの霊を連れてきて、中に入り込んで住み着く。そうなると、その人の後の状態は前よりも悪くなる。

これは悪霊の世界の消息によく通じ、悪霊を過小評価しなかった者の言であるが、人間の魂の深部のいとなみについても言い当てている。憑かれた人びとにたえず接したイエスの観察、または四十日間の荒野の体験に裏付けされた言葉であることはまちがいない。聖書によればイエスは悪魔に試みられ、悪魔の誘惑を受けるために霊に導かれて荒野にいった、とある。このときの悪魔の挑発は説得力にみちており、その誘惑の仕方はきわめて合理的であった。悪魔と同次元の問答をくりかえすことは、悪魔の根拠とするこの世の秩序を認めることになり、みすみす悪魔の術中に陥いる。そこでイエスは問答を拒否する言葉を示すほかなかった。この荒野の体験は、「聖アントニウスの誘惑」に代表されるように、ながくキリスト教文学や美術の主題となってきたが、現代の南島社会の巫女が直面する神ダーリの体験もまったく異なるところがない。

蛾や蝶などの昆虫の幼虫が羽化するまでの変態（メタモルフォーゼ）として繭ごもりが必要であるように、俗から聖へと移行するのに神ダーリは不可欠な道である。そこでは閉ざされた意識の密室の中で、神と悪霊の双方に挟まれて壮絶なドラマが演じられるのであるが、そうした錯乱と狂気の果に、神の代理人としての資格が与えられる。この間のいきさつはどのような宗教にも見られるもので、南島社会にのみ限られるものではない。

神ダーリから抜け出すには自分の霊的な先祖神であるツヅ神を発見し、その指導を受けねばならない。ツヅは頭のてっぺんを意味する。神ダーリの女があちこちのウタキを拝んであるき、あるウタキにきたとき、頭のてっぺんにひびく神を感応する。それが自分の守護神となるのである。ツヅは沖縄本島ではチヂという。将来ユタになろうとするもので、チヂを発見できずに死んでしまった者のことを、「チヂンブリした」すなわち、チヂによって溺死させられた、というとW・P・リーブラは述べている。これは神の道を開けようとしているとき、チヂ（ツヅ）の発見がいかに重要かを物語る例である。その発見の道を迷わせるのがマジムンと呼ばれる悪霊、または邪神である。マジムンは妖怪とか化物のたぐいであるが、若死したり、不慮の死をとげたりして、死後カミとなり得ず、一族の墓にも入れてもらえずさまよえる霊がマジムンになることが多い。神ダーリの状態はツヅの神と悪霊（マジムン）のすさまじい戦場である。

神ダーリの期間を首尾よく乗り切って神の道を開いたからと言って、それで現世的な幸福が約束されるわけではない。事態はむしろ逆である。旧約の神エホバと同じく南島の神も嫉妬ぶかい神である。自分の夫や子どもへの配慮を最優先することを許さず、神への関心をすべての上に置くことを求める。神と夫の二人の主人に仕えることを認めないのである。自分の最も身近かな者を犠牲にしなければならない人間の苦悩。それと引き換えに神から与えられる歓喜。神の楽園と現実の荒野とが裏表に貼り合わせになっているという切実な体験を南島の巫女たちは日々あじわっている。しかしそれは信仰から遠く離れた私たちとも無縁ではない。

ここに紹介するのは、宮古島平良市に住む根間《にいまず》カナを中心としたカンカカリヤたちの宗教体験である。

南島の巫女への道

根間《にいまず》カナは夜になると、自分の部屋を出て、北小学校の近くの三階建のビルの外階段を昇って屋上に出た。一九六六年半ばの平良《ひらら》の市街は茅ぶきの平屋や瓦ぶきの二階屋がほとんどで、ビルの屋上からの光景は遮ぎるものが何もない。

北東の方角に、宮古島の北端の狩俣《かりまた》の海岸から定期船で二十分ほどの距離にある池《いけ》間島《まじま》が見える。カナの恋人は、平良市に出てきてカナと会う以外は、池間島の実家に小さなソロバン塾をかまえて、島の小、中学生を教えていた。

池間島では北をイーと呼ぶが、島の北端の銀合歓《ぎんねむ》の茂った道の果てに、灯台が立っている。池間島の北の海は沖縄本島に通う航路になっており、また、現地でヤビシと呼ばれる八重干瀬《やえびし》の広大な暗礁があって、そこは池間の漁民の最大の漁場となっていた。

池間灯台の役割は航海中の汽船や漁船をみちびくのが主な目的だが、回転式の灯台なので、その光は数秒の間を置いて平良市の方向にもむけられる。カナがビルの屋上に立っていると、彼女の身体を灯台の光がとつぜん照らし出し、また暗くする。それがくりかえされるたびにカナの顔や身体に縞模様をつくり出す。

灯台の光にすっぽり包まれるとき、カナはその光の帯を通して恋人の勇一と触れあっている幸せな気分になる。福木《ふくぎ》の茂みにコウモリがさわぎはじめる夕やみを待ちかねて、カナはこっそり脱け出してこのビルの屋上にやってくる。それは灯台の光に吸いよせられる蛾とおなじだと自分を思う。

カナは自分の部屋にかえると壁で鳴いている守宮《やもり》のするどい声を聞きながら、今しがたビルの屋上で心に浮んだ歌を日記帳の余白に書きつけた。

灯台の光の帯に文《ふみ》投げて届けと祈り今宵君待つ

カナにとっては勇一がソロバン塾の休みの土、日曜ごとに平良市に出てくるのが待ち遠しい。と言って、自分から船に乗って池間島まで会いにいくようなはしたないことはしたくない。そこで灯台の光に托して自分の気持を勇一のもとに届けたいという願いが生まれることになる。

勇一が池間島にいる間、カナは不安だった。日頃、母親の言うなりになっている勇一が母親に引きとめられて、カナに会いに平良市に出てこないかも知れないというおそれがあった。そればかりではなかった。カナの母親も勇一に好感を抱いていなかった。双方の母親どうしがお互いを悪しざまにののしって、それが相手方の子供への悪口となっていると思われるふしがあった。

カナの家は父親は大工で親戚の木工場の仕事を手伝っており、それでは暮しが立っていかないので、母親は屋敷の中で、厨房を改造して豆腐を作り、それを付近の市場にもっていって売っていた。カナはときどき母親の仕事の手助けをしていたが、中学を卒業しても、高校に進学したいというつよい希望をもっていた。両親にしてみれば、弟妹が多いので、働いて貰いたかったのだが、カナはそれに耳を貸さず、昼は平良市の下里《しもざと》公設市場の近くにあった雑貨店の店員としてつとめ、夜は定時制の高校に通うことにした。当時は本土復帰まえだったので、沖縄県の通貨はアメリカの弗《ドル》が使われていた。カナは給料の中から一弗五仙《セント》の学費のほかは、すべて家に入れ、高校時代、自分の服を一着も買ったことはなかった。

それなのに、カナの母親は自分の娘にねぎらいの言葉をかけたことはなく、それどころか、事ごとにカナに辛くあたった。カナは口答えをせず、ひたすらだまって、傷ついていた。その悲しみは年ごとに深まっていった。

カナには幼い頃からどこか人とちがった素質があった。カンカカリヤの家に連れていかれて、祭壇の前に坐らされると、どんなに泣きわめいていても、ピタリと泣きやんで、笑い顔を見せるので、神占いの女たちからカンカカリヤガマと綽名をつけられた。ガマは愛称で、カンカカリヤガマは、小さいカンカカリヤというほどの言葉である。

そうしたカナをもっとも喜んだのは、彼女の父親の恵太だった。恵太は早くに父を亡くし、母はやがて再婚し、孤独な少年時代を祖父母の許《もと》ですごした。やがて大工見習として親方の家に住みこむと、親方の妻や朋輩からひどくいじめられた。そこで恵太は、暇さえあれば、遠縁のカンカカリヤの家に出入りし、祭壇の傍で、カンカカリヤの話や神願いの儀式を眺めているのが、もっとも心の安らぐ時で、楽しかった。恵太は自分のそうした傾向がそっくりカナに伝わっているのではないかと思う。そこで、長女のカナが小さい時分からゆくゆくはカンカカリヤとして神に仕えてほしいというひそかな欲望をもちつづけていた。

カナにはカンカカリヤに見られる特徴が少女時代から現われた。中学や高校で、葬儀や法要に参加しなければならなくなったとき、家に帰ったあと、見るも痛ましいほど震えがとまらず、ひどい吐気や下痢に悩まされた。

カンカカリヤは、産の忌《いみ》や死穢《しえ》にかかわることをブソーズと呼んで甚だ忌みきらう。ブソーズは不浄の宮古方言である。それに触れると、さまざまな事故を引き起こすと怖れられた。

こうした心身の不調を心配したカナの両親は、本人の運気が下がっているので、それを強める儀式をカナにすすめた。それを宮古島ではマウをトモスという。マウはマモリ神のことで、個人の誕生から死まで守護する神のことである。マウをトモスというのはマウ神を迎える神棚をつくって、毎日拝むことである。しかしカナは、マウをトモスのはカンカカリヤになることを神に約束する行為のように受けとり、それをきびしく拒んだ。カナには、人並みに幸せな家庭を作りたいという少女らしい夢があったのだ。

カナの両親は、神に抵抗することが神を怒らすことを憂慮して、その「延期ねがい」の儀式をおこなうことにした。これを宮古の方言では「ヌビゴウ」と呼んでいる。「ヌビ」は「延ビ《ヌ》」であり、「ゴウ」は香で、神に線香を供えて、神の道に入ることを少し待ってほしいとお願いを立てることである。

カナは高校を卒業すると、勇一と結婚した。彼女は両親の住んでいる屋敷の片隅に小さな平屋があったので、そこではじめて世帯をもち、人なみの幸福感を味わった。しかし、神のほうはカナを忘れてはいなかった。

カナの日記は、一九六七年九月二日、カナが二十歳で長女春枝を生んだ日から始まっている。カナはその日「幸福のかたまりが私を包んだ」と述べている。夫の勇一も何かと赤ん坊の面倒を見て近所の写真館で記念撮影をし、夜は家でささやかなパーティをした。あくる年の春枝の誕生日には一家揃って近所の写真館で記念撮影をし、家族三人は順調な出発をした。しかし、この幸福もながくつづかなかった。勇一は一年余りつとめていた会社をやめ、悪友に誘われては、失業保険の金さえカナに渡さず、花札に耽るようになった。夜更けまで待っていても夫が帰ってこない日が多くなった。

一九六八年十二月二十日のカナの日記「私の心の中のように、寒く冷たい雨が降っている。私の心はやみのように暗く、口は固く閉ざされたまま、自分で生きているのか、どうかすら分からない」

十二月三十一日「勇一は宮古を捨てて那覇へいこうとしている。もしも自分を妻として愛しているなら、けっして離れたりしないで、いつでも一緒にいたがるはずだ」

カナには不幸の自覚が訪れる。「眠ろう、ただ目を閉じてじっと眠ろう。それだけが私に与えられた安らぎならば、もう眠ってしまおう。この眠りが永遠ならば……。私は不幸だ……」

一九六九年一月十一日「勇一はとうとう午前六時、私が呼びに行くまで帰ってこなかった。友人の熱田さんの家へいくと、長く寝そべって花札をしていた。三人いた。見苦しい情景だった。こんな姿の勇一に私は悲しくて胸が苦しかった。もう怒る気持にもなれなかった。ただ悲しく、みじめであるばかりだった。帰りの道にずっと自分の運命を呪いながら帰ってきた。空はまだ夜のように暗かった。家に入る気になれず私は海岸へ行った。凪は冷たくあたりはしーんとして波の音だけだった。思い切り泣いた。波はなぐさめるように、しずかに音を立てていた」

しかし勇一はカナにだまって宮古をあとにし、逃げるように那覇にいった。勇一の母親が那覇行を勧めて、飛行機代を出してやったことも洩れ聞いた。

一月三十日「逢いたい、勇一にとても逢いたい。逢ったらもう離れたくない。あの人が去っても、今日まで毎日床もとっている。そうしないと、とても淋しくてやり切れない。会いたい。お金があれば直ぐに飛んでいきたい。そして心から泣き、私を強く抱いてもらいたい。勇一、早く迎えにきて」

一月三十一日「私には一仙《セント》のお金もないし、いったいどうすればよいのか知ら。私にどう生きろ‼と言うのか知ら。ひどい人、何を食べて生きていようとかまわない。二人を残してもう半月をすぎてしまった」

二月十一日「あなたはお仕事の方はいかがでしょうか。落ち着いたでしょうか。私はどの道を進めばよいのでしょうか。何故お便りを下さらないのですか。私はどうしてよいかまったく分かりません。今、春枝を抱いて宮古を立った方がよいのでしょうか。迷いに迷い、心ぼそい毎日なんです。私だけに宮古島で大きな責任を負わせておいて、ひどい人。毎日楽しく暮しておいでですか。まるでひとり者のように、一ヶ月も立とうというのに、たった一通の便りだけで、いったいどうなさるつもりですか。宮古では宮古の生活に大きな苦しみや悲しみ、淋しさを私にかけて、また宮古を離れたら離れたで苦しみをかけるひどい人」

カナは日記の中で、勇一に恨みと悔しさと恋しさの入りまじった心をぶっつけて、必死に呼びかけたが、勇一からは何の連絡もなく、その住所も知れなかった。カナは勇一の消息の手がかりを得るために、頻々とカンカカリヤの家に出入りして判断を求めるようになり、あきらめかけた心はしだいに神に向かうようになっていった。

カナの日記によると、カナは、それまで神に対して「延期ねがい」（ヌビゴウ）をしていたのをやめてその年の旧三月に「ウーキゴウ」をする決心をしている。ウーキは運気であり、ゴウは神に供える線香のことである。ウーキゴウとは神意を承まわりました。いずれ神の道に入ります、という誓いを神に立てることである。

二月二十七日「旧の三月には、ウーキゴウで私の本当の神様との道がつながれる事になるのだけれど、私は喜んでやって行くつもりだ。この子を自分の手許から離さずに生きる限り、私には不幸はない。夫との間では、金銭的にも精神面でも安まる生活がいまだになかったが、決して私は不幸ではなかった。今傍ではしゃいでいるこの子の姿を見ている私の心にほんの少しでも弱みはない。私がこの子の父を捨てたのではない。自分で私達二人を捨てて行った人だ。私には後悔もないと思う。私達のいらなくなった人なら仕方のないこと。明日からの自分の道を開いて行こうと思う。そして三月のその日には心良き安らかな自分を迎えよう」

と、「ウーキゴウ」に期待している。しかし次の日、二月二十八日は殊勝な心は忘れたかのように取り乱している。

「夢を見ておどろいて起きたが、眠れない。勇一が那覇の市役所につとめているという女の人に弁当をこしらえて貰って仕事に通っているという。そしてその女の人が心から彼を好きで、彼自身もその人が好きなようだ、と告白する夢だった。その時私は夢の中で那覇にいた」

三月一日「愛している、愛している、愛している。だから苦しむ。神なんていやしない。私が苦しむのは勇一のこと、私が悲しむのは勇一のこと。神なんて、私にはいやしない。私を苦しめるのは勇一。神なんかじゃない。私を泣かすのは勇一なのだ。目に見えない、そんな神なんかじゃない。勇一なのだ。私の命をあずかるのは、勇一なのだ。神なんてものじゃない」

カナの心は神と勇一のあいだを烈しくゆれうごきながら、毎日落着かない暮しをつづけていた。そうした状態を見かねたカナの従弟の嫁が、気晴しに八重山にゆかないかと誘い、飛行機の切符代も用意してくれた。従弟夫婦は多良間《たらまじま》島の出身であったが、石垣島の最北端の平久保の近くの平野という多良間島が近くにみえる集落に住み、農地を開拓しながら生活していた。カナがそこにいっておどろいたことは、バスも一日に一度しか通わないという辺鄙なところで、電灯も夜八時になると消えるという不便なくらしであった。カナは数日そこにいただけで帰りたくなった。そこへ従弟の弟の安雄がやってきた。従弟夫婦は彼にカナを娶わせようとした。カナがあとになって気がついたことだが、従弟は地元の農協に莫大な借金があり、その支払いに苦慮していた。そこでカナと自分の弟の安雄を夫婦にして同じ家に住まわせ、農作業を手伝わせて、借金の返済の片棒を担がせようとしたのであった。そうした従弟夫婦のたくらみがあることは知る由もなかったが、平良の町に生まれ住んできたカナは、この不便な環境はただおそろしく、いそいで荷物をまとめると逃げかえった。すると、安雄は、自分の買った時計を質に置いて、飛行機の運賃を作り、カナの後を追っかけて、平良にやってき、カナの家の近くに部屋を借りた。それはカナを送りにきたというだけの親切な行為ではなく、カナへの求婚なのであった。カナの母親はそうした男の言動をあやしいと疑っていたが、それはすぐさま自分の娘がいやらしいという感情に転化した。そうしてその感情を自分の夫に打明けたので、カナの父親はカナを口ぎたなくののしった。カナはそれに対して一切釈明をしなかった。口答えをする以前に、父親に告げ口をした母親を軽蔑した。ふしぎなことに、母親は今度の相手を気に入っていた。安雄が母親と同郷の多良間島の出身ということが根底にあったかも知れないが、それに対して、カナの父親ははじめから安雄を一切認めなかった。カナの母親から入れ智恵をされたということがあって、その先入主にこだわるだけであった。カナの最初の相手の勇一の場合は、父親が気に入り、母親が毛嫌いしていたのだから、それが逆になったのだ。カナの両親は毎日喧嘩をしていたのだから、双方の意見が一致することはあり得ず、双方に満足される相手をカナが探がすことは不可能であった。

その頃、カナは勇一がいなくなったあとも両親と同じ敷地内の小さな家に住んでいた。その家賃はいつも月々両親に払っていたが、とどこおり勝ちになった。カナは近くの洋品店の手伝いをしたり、商品の化粧箱を作ったりして、わずかな収入の道を得ていたが、それで母と子が暮せるものではなく、家賃が払えなくなると、母親は極端にイヤな顔をした。そうしたところへ、とつぜん電気商会から六十弗《ドル》の借金の請求がきた。勇一がこんなに借金をしていたとは知らなかった。その上、催合《もやい》の残金などあわせて二百三十弗の借金をカナに残して勇一は去っていった。安雄は借金は自分が支払うから心配するなと言ってくれるが、カナはそれを済まなく思っていた。カナの気持は次第に安雄に傾いていた。カナの母親は、カナと安雄が仲よくしているのを見ると喜ばず、ことさらカナにつらくあたった。それは自分が夫とはうまくいかないところからくるヤキモチであった。そこでカナは安雄と親しくしているところを母親にみせるのを遠慮しなければならぬようになった。

　春枝を抱えて途方に暮れているカナの心が安雄に傾き、今度こそは新しい幸福をつかもうと思いこんだとしても、それを軽率な行為と責めることはできない。カナは居所の分からない勇一と正式に離婚の判を押していないことにためらっていたが、安雄のつよい求婚にまけて、一九六九年に安雄と結婚し、あくる年の六月には安子が生まれた。春枝も新しい父に懐いていた。最初の結婚の失敗は埋め合わせができるとカナは思った。半年間は何事もなく平穏にすぎていった。

カナの日記は、勇一との関係が絶たれたあと、ほとんど空白になっている。ただその最後のページに、謎めいた文章が書きつづってある。それは一九七一年一月十三日のことである。

「神わざとも申せましょう。私が私でなくなり、人が人でなくなる。私はそれを自分の身と心でしみじみと感じ取った。自然に、実際にそれがその日に起った。その日から今日までのできごと、けっして忘れることはできない、不思議な出来事ばかりである」

日記にはそれ以上記されていないので、カナの身辺に起った不思議なできごとが何であったか、具体的な内容を知ることはできない。それにしても、それはカナがこれまで一度もかいまみたことのない深淵の底に開かれた異次元の世界にちがいなかった。

色の白い大きな男

その日の午後、カナが手枕をしてうとうとしていると、色の白い大きな男が、閉め切った彼女の部屋に音もなく入ってきた。その男はヤマトンチュにもウチナンチュにも見えない。しかし沖縄の言葉でいきなりカナに、「おまえの命を取ろうか、狂わせようか」と聞いた。死ぬか狂気になるかどちらかを選べというのだ。一九七一年一月、カナが二十三歳のときのことだ。彼女ははっと驚いてとび起きた。一体何事が起ったのだ、とその夜はまんじりともしなかった。

あくる朝カナはおなじ敷地内に住んでいた両親の家にいって、母親におかしいことがあったと告げた。両親は心配して早速カンカカリヤに相談して見ろという。

そこでカナはカンカカリヤの家をたずね歩いたが、五軒歩いて五軒ともカンカカリヤに会えない。今出ていったよ、五分前に出ていったよ、と言われて、結局一人も会えなかった。歩く順序が逆であれば五名とも会えたはずだ。

カナは家に戻りながら市場で買物をした。家で夕食を作って見ると、いつの間にか宮古で拝みをするとき神に供える料理になっている。コンブ、カンピョウ、サターテンプラ、卵もゆでた。正月用の吸い物も作った。自然に作っているのだけれども、カナがこしらえたものは、すべてふしぎなことに神の拝みのための料理になっている。カナは「おもしろいね」と独りごとを言いながら、作りおわると、となり家の両親を呼び、台所に祀ってある火の神にも料理を供えた。

カナは夕食を終えて後片付けをして、布団に入った。ところが夜中の零時まえ、気分が悪くなり、吐気を催し、寒気がしきりにした。どうして身体の調子が悪くなったのか、もしかしたら料理と一緒に火の神に線香をあげなかったからではないか、と思い、台所の戸棚を探したが、線香は見つからない。

そこでカナは隣りの実家に線香をとりにいった。はやく火の神にそれを捧げて楽になりたいと思った。線香は借りるといけない、といわれているので、実家の仏壇に線香代を置いて、一束の線香を持ち帰ろうとした。ところが玄関先で、カナの身体は仏壇の方に引張られた。

〈ツヅの神（先祖の神）が線香しなさい、ということか〉と仏壇に線香をあげた。仏壇の東がわにマウ棚があり、そこにマウ香炉が置いてあった。

こんどはそのカナの両親のマウ神《ガミ》（守護神）の香炉が引張った。

そのときカナには怖いという感じはなく、〈おもしろいね〉と引張られるままにマウ棚にある父と母のマウ神の香炉に線香を二本ずつあげた。

自分の家に戻って、台所の火の神に線香を捧げ、マッチの火を近づけた。線香にはまだ火がついていなかった。

その時から始まった。ガタガタ震えがとまらなくなり、火がつけられる状態ではなくなったのだ。カナは昨日の午後やってきた色の白い大きな男の言葉を思い出した。

〈私は命も惜しいし、気狂いにもなりたくはない。どっちもイヤだ〉

カナは震えながら両親の家へ駆けこんで叫んだ。

「どうしてこんなことになるのか。私はなにも悪いことはしていないのに」

母親はカナの姿をひと目見ると、

「神さまが乗っているが、どうするか、どうするか」と言いながら、オロオロと家の中を歩きまわった。

父親は土下座してカナを拝み、

「神さまはいらっしゃった。やはり神さまはいらっしゃったのだ。おれは神の人が家にいるのが、小さい時から何よりもうらやましかった」

と泣きながらくりかえすばかりだった。カナは台所の片隅にある火の神の前に坐り、床に額をこすりつけるようにして、夜が明けるまで何百回もタンディ、タンディ（御免なさい）と詫びた。

その時、カナの口から突然神をあがめる言葉が衝いて出た。「てぃんがなしぬ　みゆふぎ（天加那志のお蔭）」「つづがなしぬ　みゆふぎ（ツヅ加奈志のお蔭）」と神を讃美する神《かんな》名揚《あ》げの歌をカナはとなえた。カンカカリヤになることを望まず、マウ神をトモスことを拒否していたカナであったが、いきなり神の前に引きずり出された感じだった。

真直ぐに立つ蛇

カナは高校生の頃、ふしぎな夢を見た。

家の中に蛇がしのびこんで、カナの部屋まで追いかけてくる。いそいで戸を閉めてしまったが、いつの間にか部屋の中に真直ぐに蛇が立っている。たちまちのうちに、煙が出て、蛇が七歳ぐらいの子どもに変わり、自分の名前を光坊《みつぼう》と名乗った。

そして「おまえは午年《うまどし》の人と結婚しなさい」と言う。

「私は亥年《いどし》だから亥年の人と結婚したい」と答えると、その子は、

「おまえは私に口答えするのか。お前は私が死ねと言えば死に、生きよと言えば生きる運命なのに」

といい、指三本立てて、

「三日間病気をさせてやる」

と言うなり、また蛇の姿に戻り、カナにハーッと息を吹きかけた。するとカナは身

体の芯まで冷たくなって、その日から三日間熱を出して寝こんだ。

そのときの夢の怖さがこんどは何十倍もの強さで迫ってきたのだ。

カナは、人間を苦しめるのは神じゃなくて悪魔だ。神はやさしくなければならないと抗議するが、それは通じない。

神から逃げようとして押入れにかくれる。戸を閉めて布団をかぶっていると、神が「ハッハッハッ」と高笑いする。

「おまえの姿が見えないと思うのか」

カナは息をしているから神に見付かるのだと思って、息を止めてみるが、それも長くはつづかない。

すると「ハッハッハッ、おまえは何秒間息をしないでいられるのか。おまえの心臓はとまったのか。おまえの脈はとまったのか」と神はあざける。

「何を言っている。次は地面にもぐってみようか」

カナが言い返すと、神は「モグラじゃあるまいし」とからかう。

カナは喉が渇いても、水も飲ませてもらえない。〈おまえには水を飲む権利はない〉。食事をとろうとすると、箸は出された皿の前でピタリと止まってしまい、先に進まない。夜は一睡もできない。だんだん意識がモウロウとしてくる。こうして三ヶ月近くがすぎた。

透明な水の壁

カナはこんなに苦しいなら死んだほうがましだと思うようになった。〈眠りたい、一刻もはやく、そして永久に目をさましたくない〉という願望だけがカナを支配した。三月二日の風の強い日、カナは自分の家を出て木麻黄《もくまおう》の林の道を突切り、平良市西仲宗根にある真玉《まだま》ウタキの坂を下って海辺に出た。そこは白い砂浜がつづいて、その先が小さな岬となって海に突き出している。伊良部島《いらぶじま》を正面に見たその岬は蛇に似ているので、パウ崎と呼ばれる。パウは宮古の言葉で蛇のことだ。

カナはパウ崎でしばらく海を見つめていた。小さい時の思い出がよみがえってくる。カナは小学生の頃、パウ崎にひとり出かけていって、詩を書くのが好きだった。詩を書いていると、波の音が人の声になった。ある時は女の人が波の音にのって話をする。ある時は男の声が風の音にまじって聞える。

女の気持で詩を書いていると女文字になり、男になって書くと男の字になったりする。女らしい文章が何行かつづくと、そのあと男の文章になることがある。カナは自分が書いているのではなく、何者かがカナに書かせているのを感じた。その時カナは自分がふつうの人間でないことをなんとなく知った。

パウ崎の尖端からカナは海に入った。泳げないので、海底を足でたしかめ、波をかぶりながら進んだ。眠れない苦痛から解放されると思うと、冷たい海水も気にならなかった。膝から腰へと深さを増す海水にカナは浸っていった。

〈そのうち波がどうかしてくれるだろう〉

とかまわず進んである処まできたとき、透明なガラスのようなものが、さっと前を遮ぎった。

前方の景色は透明ですこしも変らない。それでいて、この世とあの世の境の壁のようなものが立ちふさがっていて、それから先は一歩も進めないのだ。それでもカナが無理に歩こうとすると、神が言った。

「おまえに死ぬ権利があるのか」

カナは言い返した。

「死のうと生きようと私の勝手じゃないか。私は死にたいんだ」

神はきびしい声になった。

「おまえの命はおまえの勝手にできるものではない。私が死ねと言えば、おまえはイヤでも死ぬ。私が死んではいけないと言ったら、おまえは死にたくても死ねない。どんなことをしても、不自由な身体になっても生きている」

カナがそれでもためらっていると、

「もし私の言うことを聞かなかったら、おまえの子どもの春枝の命をとる」

と言い渡した。

カナはそのとき〈神ならばやるな〉と思った。彼女は海の中で立往生した。娘の命を取られたら大変だと思いかえして、パウ崎から少し離れた海岸に上がっていった。カナは濡れた身体で砂浜を歩いた。彼女は神が自殺の邪魔をしたことに腹を立てていた。

〈もう神を見たくもない。神の声も聞きたくない〉

そのうしろから神の陽気な笑い声がひびいてきた。

「おまえが潮水で身体を清めたおかげで、おまえに物も言いやすいし、ひっつきやすくなった」

カナは追っかけてくる声をふりきって足を早めた。

〈これ以上、神にとりつかれたらたまらない〉

海岸近くの造船所の工事場にいって、油の滲んだ泥を顔にも身体にも塗りつけて家に戻った。

〈これなら神もよりつかないだろう〉

出迎えたカナの母親は泥だらけのカナの身体や髪から海水の雫《しずく》が垂れているのを見てハッとした。

〈海で死に切れずに家に戻ってきたにちがいない。この子は死のうとしている。外に出したら大変なことになる〉

母親はカナの夫の安雄と協力してカナを家に閉じこめ、雨戸を五寸釘で打ちつけた。するとカナのマウ神は、

「五寸釘を打たれて家に閉じこめられていたら長い病気になる。それは神に五寸釘を打っていることだから、大変なことだ。そうなったらもう終りだ。早く逃げろ」

と言った。

カナはおどろいて、東向きの高窓によじのぼって、家の外に飛び降りた。家の近くの北市場をぐるっとまわって、裏庭から入り、カナの夫と母親が金槌をもったまま家を見上げている後ろに立った。

そして「ワーッ」と大声を出すと、二人はマジムンに襲われたのではないかと、おどろき、あわてふためいた。

マジムンの来襲

カナが毎晩眠れずに起きていると、夜中の二時頃、ざわざわと風のざわめきのような物音がして、悪い霊がやってくるようになった。宮古では悪い霊をマジムン（蠱《こ》物《ぶつ》）という。

マジムンは手を変え品を変えてやってくる。その乗り物もくるたびにちがう。ある時はマジムンの乗ったオートバイが幾台も列をなして夜空を飛びながらやってきて、カナの家の庭先でけたたましい音をたてとまる。その音で威嚇するわけだが、オートバイは黒く塗っているから、人の眼には見えない。

ある時は巨大なカマンタ（イトマキエイ）が怪鳥の翼のようにゆっくりとヒレを動かしながら空を飛んできて、カナの家の屋根にとまり、高窓から家の中をのぞきこむ。このカマンタもやはり真黒なので、それに乗ったマジムンの姿を見ることができない。

ある夜中、玄関先で馬のいななく声がするので、カナが出て見ると赤い馬が立っていた。彼女の眼には、宮古島で葬式のときに使用する龕《がん》の屋《や》が赤い馬に化けているのが分かった。龕の屋は葬儀車に変る以前、死体を入れて運んだ籠で赤く塗ってある。

宮古では赤い馬が迎えにくる夢を見ると、それは死神が迎えにくる予兆《しらせ》だとおそれられている。カナがじっとそれを見つめていると、赤い馬は引き返していった。

マジムンは人の声の真似がとてもうまい。最初の頃はだまされていたカナも、次第にマジムンの声を聞き分け、マジムンを見ることもできるようになった。

マジムンも初めは平良市の盛り場を歩いている半端なゴロツキのような、一寸足りない軽い霊がからかうような調子でやってきた。それらは人の言うことを素直に聞く霊である。そんなものには一声かける。

「あんたらは私に見えていない、と思っているのか。話声が聞こえていない、と思っているのか」

と言うと、

「あれっ、見えている、見えている」

と、タツマキの尻尾みたいな格好で逃げかえる。

軽い霊では駄目だと分かると、マジムンはだんだん強いものに変り、また色々と作戦をたててやってくる。一人で二人に見せかけてやってきた時もある。一つの足には短靴を履き、もう片方の足には下駄を履く。それでスキップをすると、一人でも二人がきたように聞える。

それがカナに見破られると、こんどは一人では駄目だから、一人が失敗したら連れのマジムンがカナの魂をとるということをたくらんで、二人三脚でやってくる。二人でも一人のように思わせるためだ。

カナのマウ神が彼女に「あんたらは見えていないと思っているのか、と言え」とささやく。

そこで「おまえらは見えている」とカナが言うと、マジムンたちはぎくりとする。それでも押し入ろうとするから、

「よーし、許さぬ。ほんとうにノコギリをもってきて、切る」

と言うと、足を縛っているマジムンたちは、あわてて、ひっくり返って消えていく。

カナは霊感の低い人に比べて、悪い霊から見ても目立つ感じになっている。神から見ても目立つがマジムンからも目立つのだ。

マジムン同士が「めずらしいものがいる。あれは人間かね、神かね」とカナのことを話し合っている。人間はマジムンに見られたら風邪を引いたりして病気になる。死んだ後は真黒な死体になるといわれている。しかし神高い人間の眼で見られたら、マジムンは霊の世界で病気をするのだ。

ある夜は暗やみの中に真黒な天幕を地面に敷き、幕のなかにマジムンが入りこんで

いた。これではカナには見えないだろうと、マジムンも得意気である。

「あんたには見えていない」

とマジムンが言う。

カナは「何を」という気になった。マウ神がカナに「声をかけて、踏みつぶしてやる、と言え」と助言する。

黒い幕の下にいる者がカナを見ている。

「見えていない、と思っているのか。幕と一緒にたたんで、地獄に追いやってやる」と言ったら「ワーッ」と叫んで消えてしまった。

カナから見破られたマジムンはほうほうの体で、自分の世界に帰りつき、ガタガタふるえて病気をしている。

「見られてしまった。見られてしまった」

と言って、熱を出している。

宮古では人が死んだ時香炉を置くカヤブキの小屋を作るが、そうした感じの家の中で、見られたマジムンはウンウン唸っている。

他のマジムンが来て「あんたは負けてきたのか。ザマー見ろ、ではおれがいく」と言って去る。

マジムンは最後には大勢でやってきた。屋敷の中で門が設けてない処にある通路から、マジムンたちは侵入してくるのだ。

マウ神に「家と家との間の通路をよく見なさい」と言われて、カナがその通りにすると、垣根の傍に、マジムンたちがヤクザの集団のようにずらっと勢ぞろいしている。

その光景に、さすがのカナもたじろいだ。

その時マウ神が命令した。「立て、恐怖心を捨てろ」

そこでカナは叫んだ。

「許さぬ」

それでマジムンたちは退散する。それでも近づいてくる者がいる。先程マジムンの軍団を指揮していた者だ。マウ神はすかさずカナの前に立ちふさがって、何か棒のようなものでマジムンの頭目を倒した。

その頃カナの家ではつがいの十姉妹《じゅうしまつ》を飼っていたが、ある朝起きて見ると、籠はきちんと閉っているのに、一羽だけいなくなっていた。もう一羽はとり損じたのだな、と思っていると、次の日、残った一羽は片足をカミソリのように鋭い刃物で切りとられていた。明らかにマジムンの腹いせであった。

マジムンはどうしてもカナのいのちを取れない。そこでその代りになるものを取っていったのだった。

宮古島の神の声

その年、一九七一年の宮古島は幾月ものあいだ雨が降らず、家畜はばたばた斃れ、サトウキビは枯死寸前であった。カナは夜は明方までマジムンとたたかい、昼は、「宮古があぶない。宮古がほろびる。歩け、歩いて宮古の根を掘り起こせ」と耳もとにたえずささやく声にうながされて、飲まず食わず、宮古中を当てどもなく歩くほかなかった。はだけたシャツに痩せた胸の鎖骨をのぞかせ、眼ばかりぎらつかせて、炎天下の白く乾き切った道をあるく若い女の姿に、人々は「狂《ふ》り者《むん》が通る」とあざけり笑った。

保良《ぼら》、宮国《みやぐに》、与那覇《よなは》、狩俣《かりまた》、島尻《しまじり》と宮古島の端から端までウタキをたずね、海岸の石を拾う。

平良市の船底《ふなそこ》という所にくると、カナはぴたりと立止った。足許には涸れた井戸があり、落葉やゴミが捨てられて埋まっていた。まえにはウリカー（降り井戸）になっていたが、それを埋めて井戸にした。しかし上水道の普及で、その井戸は使用されなくなり、付近のゴミ捨て場になってしまっていた。その井戸は個人の地所の中にあるが、土地は隣りにある平良中学校が買い取って、体育館を建てる予定であるという。

カナはとつぜん、身体がふるえ出し、神が乗ってきた。カナに神の新しい啓示が訪れた。

「井戸は天と地の底を往き来する神さまの通路なのに、それを塞《ふさ》ぐとは何事か。神が息をすることのできないようにするつもりか。船底井戸《カー》をもと通りに掘り返せ。旧暦三月三日までに実行せよ。それをしないと神さまが何を起こすか見せてやろう。地震がくるぞ、津波が起こるぞ、飢饉が起こるぞ」

しかしそれも気の狂った若い女のタワゴトとしか映らなかった。土地の持主も井戸のゴミや枯葉をさらって元に戻すことを怠っていた。

その年の宮古は八ヶ月にわたって大旱魃に見舞われた。自分の警告に耳を貸さなかった井戸の所有者にカナの怒りが爆発した。ついにその所有者の霊がカナに乗り移り、カナに叫ばせた。

「わたしが悪かった。わたしが悪かった。助けて下さい。埋められた井戸の神さまを、どんなことがあっても救い出さねば、私は成仏できない。どうか頼みます」

地主はおどろきあわてた。井戸は早速掘り返され、清められた。中学校の体育館をその土地に建てる計画は中止された。

病院にて

宮古中の人がカナはフリムンになったと言っている。フリムンとは宮古の方言で気が狂《ふ》れた者のことだ。

昼はウタキや海岸をめぐり、歩き疲れて帰る。カナを待っているのは地獄のような不眠の夜だ。

カナの耳には始終神の声やそれを妨げる悪霊の声が聞える。眼には神の姿と悪い霊の姿が交錯し、二重映しになる。家に籠っている日は電灯からも声がくる。扇風機からも声がくる。そういう物音に全部声が吹きこまれているから、カナは自分でも変だと思う。

カナの両親も自分の娘が神ダーリ（巫病）を克服して、ふつうの生活に戻ることを期待していたが、神ダーリがいつ終るともしれないので、自分の娘は精神に異常をきたし、もはや回復しないと思いこんでいる。

カナは思いあまって宮古病院にいった。

受付に出た看護婦から症状を聞かれたカナは「頭に穴が五つ空いていて、そこから神さまが出入りしている」と訴えた。

しかしカナを診察した精神科の医者は、

「ほんとうに気が狂った者は自分がそうだとは、絶対に言わない。自分でおかしいんじゃないかと思っている人は、正常な証拠で、絶対に大丈夫だから帰りなさい」

と言った。

カナはくってかかった。

「あんたはヤブ医者だ。眠れないのに、なんでもない、ということがあるか、あんたは医者ならば、私の眠れない理由を調べるべきではないか。私は絶対に帰らない」

とカナは頑張った。

とうとう医者は折れて、

「じゃあんたは自分の好きな部屋を自分で探して入りなさい」

と許可した。あとで知ったが、それは中村という本土《ヤマト》からきた医者だった。

カナは入院室を探していくと一人部屋があったので、そこに入ってベッドに横になった。すると天井に体格の大きな女の人が首を吊っている姿が見えた。その身体はゆっくりと前後に揺れていた。

カナはハッとして起き上がり、通りがかりの看護婦をつかまえて苦情を言った。

「あんたらは私を何という部屋に置いているのか」

看護婦はふるえ上がっている。

そうしているうちに、カナは宮古病院の看護婦になっている従妹のマツとバッタリ出会った。

従妹は怪訝そうに「カナ、なんでここにいるのか」とたずねた。そこでカナは、

「どうして、あんな部屋に病人を置くのか」

となじった。

「また誰かがやるよ」

と言うと、従妹は、

「気持わるいひと、あの部屋ではほんとうに首吊りがあったんだよ。あの部屋の斜め向かいの部屋にいたキクさんも、妹が狂っているので看病にきて、自分も狂ってしまったんだよ」

と言った。

カナは結局キクさんと同室ですごすことになった。カナは鎮静剤を打って貰ったが、眠れない。だんだん強い注射を打っていって、一番強い鎮静剤注射で二時間位眠った。

それは一週間以上は打てない。薬は飲んでいるけれども一向に効かない。

医者はカナに向かって「あんたは潔癖症じゃないか。それで自分を責めているのじゃないか」と言った。

そう言われて見ると、カナには思い当るふしがあった。カナは前の夫と別れたあと娘を連れて再婚した。前夫との間にできた長女の春枝が二歳のときである。再婚相手との間に女の子が生まれ、家庭は円満だった。それなのにどうしてカナは急に気が狂《ふ》れたように、変調を来したのか。カナは離婚の原因が自分にあると思いこみ、それを心の底でひどく苦にしていたのだった。

入院してどの位経ったであろうか。ある日とつぜん、ふしぎな現象が起った。精神科の入院患者たちは廊下に並べたテーブルをかこんで食事をする。カナはいつものようにテーブルに坐って、目の前に食器が並べられたとき、パッと意識が戻った。

前を見ても横を見ても、眼付きのおかしな人間がだらしない恰好をして、ごはんを手づかみにして食べている。隣りの者の皿の食物を食べている者もいる。

〈自分はどうしてここにいるのか。どうして自分はフリムンたちと一緒にごはんを食べているのか〉

ふとあたりを見廻すと、食器を運んでいる看護婦たちの中に従妹のマツがいる。カ

ナはマツを呼んで、

「何で私はここにいるのか」と聞いた。

「ここは病院だよ」とマツはすげなく答える。

「病院なら、どうしてみんながあんなふうに手づかみで食べているのか。どうして箸を使わせないのか」

とカナは詰《なじ》った。するとマツは向き直って、

「あんたは今日の朝食は手で食べていたじゃないか」

「うそ」

「うそじゃない。ほんとだよ」

いつの間にか主治医が傍にきて、物も言わずカナをじっと見ている。いつも治療を受けているのに、カナにははじめて見る医者の顔のように映った。

「先生、私はフリムンですか」

と訊ねたら、医者は、

「あんたは気が狂っているのではないから、ここに入院する必要はない、と言ったのに」

とつぶやいた。

カナはそれで自分の入院時のことがよみがえってきた。彼女の前にはこれまでいつも薄暗い風景しかなかったのに、とつぜんトンネルを抜けたように、きらきらと太陽の光があふれ、木々の緑あざやかな風景が現われた。

その日をきっかけに、薬はだんだん効いてカナは眠れるようになった。

十日位たったとき、医者はカナを呼んで、

「土曜日に家に帰って月曜日に病院に戻るようにして見てごらん」と言った。

カナは家に帰ったら眠れなくなるのではないか、病院の方が安心だと思う一方、自分は病院でないと、暮せない人間になってしまうのではないか、これはあぶない、と考えあぐんだすえ、思い切って外泊することにした。

案の定、家では土曜日も日曜日も眠れない。二日間起きっぱなしでまた元の状態に戻るのではないか、と不安をかかえながら、月曜日に病院の門をくぐった。言われていた通り午后一時かっきりに主治医の部屋に入った。

医者はいきなり、

「やはりふしぎだよ、宮古はふしぎだよ」

と言った。

「先生、私は病気ですか。精神に異常がありますか」

とカナが聞くと、

「そうじゃない。あんたが脳波を調べてくれ、と言ったが、脳波は全く正常だ。あんたの言う通り、血を採って検査したが何の異常もない。心臓も肺もレントゲンでは何の変化も見られない。正常そのものだ。分裂症でもない。ヒステリイでもノイローゼでもない」

と首をかしげた。

それから十日ほど入院生活をつづけていると、主治医がニコニコ笑いながらカナのところにやってきた。彼女が病室の前の廊下の隅で煮物をしていると、「こんなに落着いてきたか」と呟きながら、「あんたはもう退院しなさい。大丈夫だから」と言った。

そう言われると、カナは自分の夫でもないのに、医者を頼らないでは暮せなくなってしまっている自分に気がついた。入院していても、土曜日に医者が半日で帰ると、月曜日までどうしようという恐怖で眠れなくなる。まして家に帰ったらどうなるか、という不安にさいなまれた。

しかしだからこそ、医者に頼り切る病院ぐらしを断ち切らねばならない、と意を決して家に帰ることにした。

退院の日、医者や看護婦に別れを告げ、大きな薬袋をかかえて病院の玄関を出たとき、車寄せの傍に塵箱のあるのが目についた。カナはその前で足をとめ、〈私が薬を飲みつづけたら助からない人間になる〉と、薬袋を塵箱に投げ捨てて家に戻った。

いのちの帳簿

カナは退院しても一週間ほど不眠の夜をすごしたが、そのあとようやくふつうに眠れるようになった。カナは以前とおなじように島中の御嶽《ウタキ》や拝所や海岸など、神高い場所をまわることをやめなかった。それは宮古の根、先祖の根を掘り起こせと彼女が神から命ぜられたことであった。

とはいえカナには金がある筈はなく、世間からはフリムンと噂を立てられているので、神の人（カミンチュ）の家をたずねて相談しようとしても、バカにされるだけで一向に取り合って貰えなかった。

すると、いつの間にか簑を着たみすぼらしい風体の神が現われて、

「許してくれ、おまえをこういう姿で歩かさないと、宮古のカミンチュが汚なくなり過ぎていて、調べようもない」

と言って、カナの前で涙を流した。

乞食のなりをした神は帳面をもって、カナと一緒に宮古島をまわり調べていたが、さいごに「もういい、ありがとう」と言った。すると、簑を着たみすぼらしい神がカナの目の前で、身体の大きな白ひげの老人に変っていた。その時、カナは自分が勝手に歩きまわっていたのではなく、神の意志によって歩かされていたことを悟ったのだった。

カナは神ダーリ（巫病）が始まってからまったく夫に触れなくなった。それでも初めの頃は夫は料理を作ったり、子どものオシメを洗ったりしてカナに協力していた。神ダーリが大分よくなったとき、夫婦喧嘩をした。夫は一緒に寝たい。カナはそれを毛嫌いした。カナは寝たら子どもが直ぐできる、手をつないだだけでもできる体質といわれている。それでイヤだと言って夫婦喧嘩になることが多かった。

カナは夫が変なことを考えているのは分かっている。それで夫が寝るのを待って台所を片付けるフリをする。それも二、三日はもつが、そのあとは通用しない。「おれを避けるために、おまえはわざわざ、必要もないのにほっつき歩いている。外に男がいるからか」と疑い、夫は苛々してくる。そして「おまえを殺してやる」と鬼の顔になって追いかけてくる。

カナは自分でもどうやって家を出てきたか分からないが、気がつくと神の白い衣裳と櫛をもち、タオルやティッシュも袋に入れていたと思うが、それらをもって、万古《ばんこ》山《やま》の御嶽のほうに歩いていった。

　道が長いという感じはなかった。夜なのに真暗闇を歩いたというおぼえもない。なにか明るい感じで、とんとんという調子で歩いていった。並木道を通り、万古山の神堂の戸を開けてホッとした。悪いと思いながら「済みません。神さま居らせて下さい」と言って中に入った。

　そこでカナは万古山の神と一晩中話をした。神から「万古山には砂があるから、線香の燃えかすが残る。それをそのままにして置いてはいけない。拾いなさい」と言われて、拾った。山のような燃えかすに火をつけて、昇天させるが、昇天できずに残るものがある。残ったものは完全に拝みができないでいるものである。

　万古山のまわりに、生きている人の霊と死んだ人の霊がかたまっている。本人は家で寝ているのに、死んだ霊に引張られて、生きている霊が泣いて歩いていることがある。死霊と生霊をより分けして、生霊は死霊から奪って、本人の身体の内に戻さないといけない、ということを一晩中教えこまれた。

　神はまたそこで色々なものを見せてくれた。人間のいのちを記した帳簿のほかにもう一つの帳簿があった。それは現在病気がちである者と、健康ではあるけれども命が短かいものを記してある帳簿であり、住所氏名を赤線でバッと引いてあるものがある。それは今は生きているが助けられないもの。もう一つは住所氏名に細い赤線が引いてあって、その横に黒い線が引いてあるもの。これは今のうちだったら、拝みによって、この世に引き戻せる人のことである。この人のいのちは後どの位かということから判断して、絶対に救えない者と拝みによって救える者を区分けして記した帳簿が置いてあった。

その頃、カナの母は癌の疑いで手術をして助からないと言われていた。カナは母親のいのちが帳簿にどう記されているかを聞いた。神は「自分の言うことを聞けば、おまえの母親のいのちをつないでやる」と言った。

カナが神に従うことを誓うと、それまで声だけだった神の大きな手が現われて「おまえの母さんの魂を呼びなさい」と言った。

宮古では、人間のいのちは苧《ブー》（麻糸）にたとえられている。命をつなぐという神の言葉は、短かくなった麻糸のような生命に、あらたな糸をつぎ足してやるということだ。

宮古本島の北の池間島に祀られている大主《ウパルズ》の神は宮古中の人のいのちを管理していると信じられ、死後の魂はいったんはウパルズ神社に集まる、と思われている。

カナは夜が明けると、池間島に渡り、ウパルズ神社に駆けつけた。鳥居からつづく参道を通って神殿にたどりつくと、そこで母の魂を懸命に呼びかえした。そのあとは神殿の石段の下に下駄を脱ぎ、ハダシのまま帰った。

カナが神からいのちをつないで貰ったおかげで、彼女の母親の大病も危機を脱した。

神の手形

カナは神ダーリになっても、六ヶ月になったばかりの次女の安子から眼を離せなかった。カナに向かって、神は、

「その子にかまけて自分の言いつけを怠ったら、子どものいのちを取る」

とくりかえし警告していた。

カナは神ダーリになり始めた頃はあまり苦しいので、寺にかけこみ、知り合いの坊さんに「お経の力で私に憑いている神を離してくれ」と頼みこんだことがあった。カナはそのときは「神は人間にやさしいものである筈なのに、こんなに自分を苦しめるのは神ではない。悪魔だ」と思ったが、こんどはちがった。

ある時、神は多良間《たらま》島の本家に置いてあるユタの教本をとってくるようにカナに言

いつけた。それもカナの母方の伯父に頼んで取ってきて貰うようにとの命令だった。カナにとっては伯父と言っても母の姉の連れ合いで、直接血はつながっていないし、また伯父に神のことなどが分かるはずもない、と思っていた。

　カナは子どもの世話に忙しく、心ならずも神の指示を無視するような状態がつづいた。すると神は、

「おまえが私の言いつけを実行しなければ、こうするぞ」

と言った。

　その時、赤んぼがひどくおどろいたように「ワーッ」と泣いた。

　カナにはなにが起ったか分からなかった。〈この子はたぶん熱がある〉ということで、赤んぼに風邪薬を飲ませ、オムツを替えようとしてハッとした。赤んぼの太腿に、黒紫色の大きな五本の指の痕が、皮膚にくいこむように付いていた。それは生まれたときから赤んぼが背負いこんだアザのように、いくら拭いてもとれなかった。

〈神の仕業だ〉

　カナは赤んぼを横脇に抱いて直ぐさま伯父夫婦の家に走った。何事が起ったかと怪しむ伯父に、着物を剝いで赤んぼの太腿を見せ、

「伯父さん、実は今しがたこういうことがあった。子どものいのちには替えられない

から、多良間の本家にいって、訳を話して〈神の本〉を取ってきて下さい」

と頼んだ。

多良間島の父方の本家は入婿があとを継いでいるので、本当の血筋ではなくなっている。そこに〈神の本〉があるのはよくないから、取り戻さねばならない、と神が命令したことをカナは伯父に伝えた。

伯父はさっそく多良間島にゆき、本家から「玉黄記」と表紙に書かれている本をもってきた。今から二六〇年ほど前に、多良間島ではユタ狩があって、その時ユタの教本は全部もやしたのだが、「玉黄記」は隠してあったものであったという。「カンカカリヤの占いやまじないに用いる本だから、おまえが預ってもって置きなさい」と神から言われたのに、カナがぐずぐずしていたのが、神の気に入らなかったのだ。

「玉黄記」がカナの手に渡ると、神が「許そう」とやさしい声で言った。

その時、カナの赤んぼが「ワーッ」と泣いた。

赤んぼの太腿を見ると、黒紫色のあざやかな手形はあっという間にうすい斑痕になっていた。それは日を追って、小鳥のような形になってみたり、人間の影のようになったり、暗号のようなものになったり、どこか文字に似ているが、こんな字はない、というようなものに模様が変化しながら、一週間ぐらいで消えていった。

カナは〈神の本〉をもって近くの寺にいった。その寺は港の近くの小高い丘にあった。

カナは寺の僧にむかって、自分の持っている「玉黄記」とお経の本で勝負をしよう、と言った。

マウ神がカナに「燃えている線香のうち、一本を消してみせるから、見ていなさい」とささやいた。カナはその言葉に力づけられて坊さんにむかって、「あんたが負けたら私に従いなさい」と言い、〈神の本〉に書いてある呪文を唱えると、三本立てた線香のうち、一本が消えていた。カナは「私が勝った、勝った」とはしゃいだ。

神の黒い手形がカナの身体にあざやかに印されることもあった。「どこどこにいきなさい」とか「何々をやりなさい」と神が命令するのをカナがしぶると、彼女の太腿や手首に、打身のような黒紫色の神の手形がしばしば現われた。

透明ないのち

度重なる神の試練を受けて、カナの心は磨かれてきた。カナからは喜怒哀楽の感情がだんだん消えていった。しかし人間は悪心や欲心がなくなると、心が空気のように透明になり、生命力がとぼしくなる。カナの守護神であるマウ神は、彼女がミヤコ（現世）の人間でなくなることをたいそう心配した。

そうしたある日、カナが空を見上げると、くるくる太陽がまわっていた。ヒマワリの花びらのように、外側は左まわりに花芯にあたる中心は右まわりに回転していた。やがて太陽からは尾のようなものが垂れ下った。みると、赤い紐をつたって美しい女神が降りてきた。女神は男の子と女の子を連れてきたが、二人が赤い紐を引張るたびに、どうしたわけかカナの足が地面を離れる。

そこに彼女の先祖神であるツヅの神が駆けつけてきた。

「おまえの心はあまりにキレイだから、今のせるがいいか、と女の神が言っている」と言った。のせるというのは天上に連れていく、ということだ。

「おまえは神の使命だけでなく、先祖の供養や子どもの養育もしなければならない。イヤだと言え」と迫った。

そこでカナは女神にはっきり断わって、天上に引き上げられることを免れた。

ツヅの神はカナにむかって、

「おまえの心は真白くなってしまっている。それでは長く生きられない。死にたくなければ、今から一時間のうちに、悪いことをしなさい」

と命じた。カナがためらっていると、ツヅの神は声を荒らげた。

「おまえの実家の二階に高校生が下宿しているが、その部屋の机の抽斗に紙幣が丸めて入れてある。それを盗るのだ」

さらにツヅの神は「それをもって近所の店で自分の言う通りの品を買え」と言った。カナは紙幣を盗んで雑貨店にゆき、ツヅの神の指示通り、玩具の刀と金魚鉢と茶こしの網と小さな香炉を買って帰った。

カナの実家では、高校生が自分の金がなくなったと騒いでいる。カナが品物を買ってきたのを見て、彼女の母親は、

「自分の娘は人の物を盗るような女ではないのに、金を持たせたわけでもないのに、品物を買ってきたのは、気が狂ったためだ」と泣き出し、「あんたが金を盗ったのでしょう」とカナをしつこく追いまわした。

ツヅの神がカナにそっと言った。

「盗ったことをすぐ白状すると、悪いことをしたことにならないから、今日一日はぜったいに黙っていなさい」

そこでカナは母親に聞きただされても「ちがう」と素知らぬ顔をしていた。

翌日になったので、カナは「母ちゃん、母ちゃん、私が盗った。元気になったらお金をきちんと返すから、それまで立て替えて払って置いてね」と母親に白状した。こうしてカナは小さな罪を犯したために、危い所で、神にいのちを取られずに済んだ。

神の道開け

退院してから三年目、旧暦の二月、新暦では四月になっていたが、その日は夕食の仕度をはやく終っていた。カナの夫はずっと家に帰らず、子どもも家にいたかどうか記憶がない。

「お膳を神の処にもっておいで」とマウ神から声がかかった。それと同時にカナの身体は電流が流れているように揺れるし、ふわふわ小刻みに全身が震えて、神が乗っている状態になった。空を飛んでいくように軽くなって、大地をしっかり踏んでいなくてはならなくなるのが苦しい。

その時マウ神からまた声がかかって「白紙を七枚敷きなさい。そしてお店にあるボーロ菓子をもっておいで」ということで、一袋十個入りのボーロ菓子を買ってきて、九個を三段にして白紙の上に置いた。

それから「洗い米をもっておいで、塩をもっておいで、それに四つ切りにした豆腐を二組」とマウ神はつぎつぎに言いつける。「酒をもっておいで、盃をもっておいで。それにごはんとオカズを二膳」と云われる通りに並べていくと、またしても、いつの間にか神願いの準備になっている。

それに願いに使う香炉を据え、三本の線香を立てたとたんに、カナはとつぜん神がかりになった。後で何をしゃべったか思い出すことができない。

幾時間したか分からないが、神が離れたとき先祖の神のツヅの神が「おまえは道開《あ》けをしたんだよ」と言った。それでもピンとこないし「明日は人がくるから、かならず拝みなさいね」と言われても何を拝むのか分からない。

あくる日、見知らぬ人が訪ねてきた。

「若い神の人が生まれている。この家だと聞いてきたんだけれど、御宅ですか」

と聞かれたが「ここにはいない」と嘘をついて帰って貰った。

次の日はぜったいに人に会わないように雨戸を閉め、鍵をかけてとじこもっていた。するとに午后二時頃、まず左の手の親指から始まった。電気に触れたように痺れてきたのだ。〈ああしまった〉と思った。立つことができない。這うこともできない。声も出せない。言葉にもならない。熱が出て、ふるえがとまらない。

こうなったのも、昨日客がきたのを戻したせいだということがカナには分かっている。神にお詫びしたいと思うが、自分ではどうすることもできない。

その時、日頃はあまり家にやってこないカナの母親が、カナを買物に誘おうとしてやってきた。カナは自分のツヅの神に詫びたいから線香をとぼしてほしいと母に頼んだ。

カナの身体の中は氷のようになっている。寒くてしようがないから「魔法瓶の熱い湯を頂戴」と母親にせがむ。ふつうならば舌を火傷するような湯を何杯も飲んだ。熱い湯で身体の震えを治そうとする。線香を三、四回とぼしても神は許してくれない。もちろん泣いても許してくれない。

そこで神に詫びて、これからは神の言う通りにすると誓う。二時間位して、身体のしびれは収まっていく。やっと物が言えるようになっても、自分にはどうしてよいか分からない。明日客がきたらどうしようと心配でならない。顔を見て断わると、はっきり断わったことになるから、会わないようにしたい。

しかし次の日も家の外をぐるぐる廻ったり戸を叩いたりしている人がいる。ぜったいに声を出したらよくない。断わったら昨日のようになる。それもおそろしい。だからといって「どうぞ」ということもできない。そんな度胸もない。家に招き入れ、神の前に客を坐らせ、線香をとぼして、何も判断できないということになれば、おそろしいことだ。他人《ひと》の金を受けとってよいものかどうか、いくら考えても結論がでない。

窓のカーテンを閉めて物もいわず坐っていることがつづいた。その間、お客は絶えなかった。しつっこくてなかなか帰らない者もいる。そのときは押入れにじっとかくれている。口で断わらないから罪とされないと自分に言い訳をしている。

一週間目の夕方、その日は子どもたちも帰って玄関の戸が開いていたが、老婆が自分の家のようにスタスタと入ってきた。

そして「あんたはカナというか」と聞くから「ハイ」というと「自分の娘もカナというよ」と言った。自分は子どもができなくて、兄弟の子を貰ってきて、カナと名づけて育てたという。カナの実家の曾祖父とおなじ里に生れた人で、祖父母もよく知っているという。

老婆が「あんたの神さまはどこに置いてあるか」と聞くから、「ここだよ」と言うと、玄関のところに立っているカナを祭壇の前に呼んだ。

「あんたは宮古のためになる人だから、客を帰したらあんたのためによくないよ。ここに坐って線香をあげてごらん」

と老婆は言った。そう言われるとカナはふるえ出した。恐怖のふるえか、神が乗ってふるえているのか、たぶんその両方だったにちがいない。

カナは「イヤだ」と言った。

「イヤと言わないで。そうしたらあんたも大変だよ」

と老婆は言って、「お金も飾れ」と言う。「飾る」というのは、神前に金を供えることだが、依頼客から金を取るという意味だ。

「線香して、お金を飾って一言もしゃべれないんだったら、泥棒だからこれ以上おかしいことはない」

とカナは反論した。

「何でもないよ。いいから線香をとぼしなさい」

と老婆から言われたが、カナは線香をつかまない。そしたら老婆は自分で線香を箱から取り出して、ハイハイハイとカナに手渡しすると同時に、テープレコーダーから音楽が流れるように、訳のわからない言葉がカナの口をついて出た。老婆は傍で神をはやしている。はやせばはやすほど、神がすーっと降りる。カナのしゃべる不明の言葉の意味を老婆は解き、神に答えをしている。

ひとしきり終って、カナがほっとして坐っていると、老婆は泣いて喜んだ。

カナは神に線香をすれば勝手にしゃべれるからそれでいいんだという自信ができ、おそれがなくなった。

その翌日、城辺《ぐすくべ》町、伊良部《いらぶ》島《じま》、池間《いけま》島《じま》など宮古の隅々からバスや船を利用して幾人も拝みにきた。平良の市内であれば、老婆の話を聞いてきたかも知れないが、方角のちがう離れたところ同士でお互いに連絡のとれる筈はない。

こうして一月足らずのうちに、午前三時から並ばねば自分の番がとれない、という大変なことになり、番をとるのにケンカが始まったりすることもあった。

カナは客一人ずつに神がかりになる。一人の客に一時間かかるので、一日せいぜい十人しかできない。しかし、夫からすればカナは坐っているだけで、楽しんで金もうけをしているように見える。それで夫はだんだんカナから離れていった。若い二十六歳のカンカカリヤ。カナの神の道開けが始まった。

洞窟の女神

新たな試練

カナは苦しい神ダーリ（巫病）の末、神の道開けをすることになった。若いカンカカリヤ（神が懸った人）の評判は宮古中にひろまり、カナの家には大勢の客が毎日詰めかけた。カナはそれで自分の魂の落着きを取りもどし、家庭にも平和が訪れると思った。

しかしその期待が満たされたのも束の間のことにすぎず、カナはまた新しい試練にさらされることになった。

カンカカリヤの仕事は、やってきた客の名前や住所、それに干支《えと》を聞いたのち、神棚にある香炉に線香をたて、見えたこと、聞えたこと、身体に感じたことを頼りにして、ハンジやハンダン（ともに神判）を下すのであるが、カナの場合は、祈っているうちに、だんだん神がかりになり、自然にクイ（声）が出る。そのクイは歌のしらべとなって高まり、そのなかに神意を示す言葉があらわれる。カナはそれをよみとってハンダンするのだから、他のカンカカリヤよりもひとりびとりに長くかかる。

それで一日に十名ということにしたが、朝早くから客がつめかけて十分間に十人の客が押しよせる日もあった。数分のちがいで遅れてきた客は、幾時間もあとにまわされる。ときには夕方近くまで待たされることもあった。それでも、思いつめてやってきた客に、「もう遅いですから帰って下さい」というわけにはゆかない。

客が帰ったあとカナには夕食の支度の仕事が待っているが、客のひとりびとりに神がかりになるのですっかり疲れ切ってしまう。カナの夫は初めの頃は自分で食事の準備をしたり洗濯の手伝をしたり、子どもの面倒を見て協力していたが、いつまでもつづく不規則な生活に腹を立てて、だんだんと文句ばかりが多い家になってくる。

カナが神ダーリに苦しめられていた当時、近所の年寄の女たちがカナにむかって、神高いひとの場合、夫によほど理解がなければ、夫婦が一緒に住むことはできにくくなる、と忠告した。カナは身に沁みてそのことを思い出した。

神の道開《あ》けがはじまってから三年間は、カナは自分の家だけで客にハンダンをしていたが、そのあとは神から許されて、方々の家をたずねては、願いごとのオガミに廻るようになった。

そうすると、終始家を空けねばならなくなるから、夫はますます気に入らない。神の願いには出るな、自分の家でやれという。しかし溜ったゴミを大掃除するには、根から起さねばならない、ということで神はよその家まで出向いてオガミをすることを求める。神の依頼を断わったときは、カナもカナの子どもたちもヒドイ目にあうことは、神ダーリの時よくよく思い知らされているので、神の言う通りうごくほかない。しかし夫はそのことを認めようとしない。それどころか、カナが自分の家でハンジをやっているとき、たまたま若い男の客が坐っていたりすると、仕事から帰ってきた夫の顔色がサッと変る。そして、

「いつまで人の家に坐っているのか、帰れ」

と客にどなる。カナはこうした夫のみっともない様子を客に見せたくない。それで笑いながら、

「家に口の悪いのがいるから、あんまり気にしないでね。夜まで坐っているわけにも

ゆかないし、私の方でちゃんとオガミをして置くから」

と言って、客をかえす。しかし客に優しくすればするほどかえって夫はいきり立つ。夫とのいさかいがつづいたある日、カナは台所で、頭のテッペンから足の先まで急に力が抜けて倒れた。するとその瞬間、カナの身体からもうひとりのカナがフーッと立上がった。頭の方から起きあがり、足先が離れるとカナの実家の墓のある方に歩いていく。カナはそれを見ながら声が出せない。自分は墓にいくのだから、これで死ぬのかなあ、と思っている。神からお前が助けなければ、命がないと言われた客を、夫に気がねして帰してしまったから、神が怒って資格をとりあげたのだとカナは悟ったが、どうすることもできない。そのうちに弟の鷹彦がたずねてきて、夕方なのに電灯も点けずにカナが台所で倒れているのを見て、姉さん何をしているか、と駆けよった。カナは口も利けないが、声にもならない言葉で、「珠数、珠数」と言っている。神棚に置いてある珠数を取ってきてくれ、と懸命に言おうとしているのが鷹彦にはわかった。そこで飛んでいって座敷の神棚の珠数をもってきて、カナの胸の上に置いた。カナはどうか私を生き返らせて下さい、と祈った。カナの魂は身体を離れて実家の墓のところまでいったが、死んだ祖父から、ここにくるんじゃないと追い返された。カナの二つ下の妹の家が墓のすぐ近くにあった。墓から追い返されたカナの魂は、妹の身

体に乗り移った。妹は急に神がかりになって、

「ネエネエ（姉々）助けて」

と叫びながら、カナの家にころがりこんできた。すると妹に憑いていた魂が、カナの身体にスーッと入り込んだ。その途端、カナはふっとはっきりした思いが出てきて、立上がることができた。

このことがあってから、カナは何があっても、神の言う通りやり抜こうと決心した。カナは日頃、夫にむかって、

「あんたも一生懸命神にお願いをして、私に協力していけば、仕事がうまくいくんだよ。それなのに、どうしてそんな考えしかできないのか」

と言っていたが、夫はついにそれが分からない。

それを見越したように、カナの先祖神であるツヅの神は、カナにむかって〈お前の夫は、お前にとってはお前の子の親かも知れないが、自分にとってはまったくの他人だ。その男をとるか、神をえらぶか〉と迫る。カナは〈自分が神をえらばねば、自分の命にも子どもの命にもいいことはない。夫が神を邪魔したら神はけっして許さないはず〉と思う。

しかし夫は神の怖さを知らない。

「何で俺が死ぬことになるのか。何で子どもが死ぬような破目になるか」

とうそぶいている。するとたちまちカナの長男の好雄が小児ゼンソクにかかって、夜なかにこの子は死ぬのではないか、という心配を味わう。それでも夫は神をののしることをやめない。

ある夜、酒に酔って神に悪態をついていた夫が、神にバシャとぶたれた。人が打ったものではないから痛くはなく、夫は気がつかなかったが、その音ははっきりカナには聞えた。

あくる朝起きて見ると、夫の顔は蜂に刺されたように腫れあがっている。カナが夫に、

「あんたはゆうべ神になぐられたよ」

と言っても、

「ウソだ、おまえがなぐった」

と言ってきかない。

そこでカナは言った。

「私は人をなぐる癖はないよ。また女の手でそんなに腫れるはずはない。あんたが神にお詫びするまで、この腫れはけっしてひかないよ。あんたは、ゆうべ、あんまり悪

い言葉を神に使っていた。あんたは何と言っていたかおぼえているか。神が何か。神がこの世にいるはずがない、と言っていたじゃないか。私にむかっても、鎌をもって首を切るとか、刀で腹を突くとか、斧で頭を割るとか、神の前で私のことをキタナイ言葉でののしったじゃないか。私をののしるのも、私のツヅの神をののしるのもおなじことだよ」

　カナの夫の顔は腫れがひかないので人前に出られず、仕事にもいけない状態であった。三日目の午後、カナが台所に立って炊事をしていたすきに、夫は神棚の香炉に線香を立てて、そっと拝んでいた。カナは見て見ぬふりをしていたが、それで夫の顔の腫れはスーッととれた。

　また、あるときは、夫が神の悪口を言っていると、腰をバッとなぐられ、ドシンと尻餅をついたまま立上がれず、あまりの腰の痛さにしばらく、男泣きに泣いたこともあった。

白いひげの老人

カナは神ダーリのとき、狂ったような状態で夜なかも出歩いていたから、夫はカナが誰か分からぬ男と一緒だったと毎晩責めた。

カナが、

「そういうことはまったくない」

と打消しても、

「お前は狂っていたから知らない、好雄も俺の子じゃない」

と言い出してくる。

それを毎晩言われると、自分はオボエがないが、狂っていてオカシクなっていたときだから、あるいはそんなこともあったのだろうという、そんな気になる。それでも思い出すことができないし、そんなことはあるはずもないと思いつつも、夫がその場を見て確信があって言うのか、という懸念がふっとつきまとう。最後には、そんなこともあったかも知れない、と思うようになる。

「あんたがそう思っていたら、あんたは正常だから、あったという確信があるんだったら、あったことにしておけば」

と言ったら、夫は、

「ホラホラ」

と手を叩き、カナが自白したとさわぎ出す。そこで、

「あんたが毎晩責めるから、私は自信がもてなくなった。あんたが気が楽になるんだったら、そうしたことにして置いたら、と言ったんだよ。しかし何もなかったよ」

と言うと、

「いや、お前にはあった」

と八年間、責めつづけられた。

それでカナは涙も涸れるほど疲れ切った。夫の責め方が真の愛情から出たものでないことははっきりしていた。

ある日、カナは本当に泣いた。

「自分の妻が気が狂って命があるかないかという瀬戸際の苦しみをしているのを見て、たといそんなバカなことをやった事実があったとしても、夫の愛でなくても、人間としての愛があるなら、命があっただけでもよかったと、妻をなぐさめるのがほんとうじゃないか。そういうあんたは私が神ダーリとなったときに、この女はもう癒らないから捨てると言って、バーの女を自分の家に引きこんだことを忘れているのか。私が気が狂《ふ》れて宮古病院に入院していたとき、ある日外出を許されて家に帰ると、あんたはバーの女と昼日中から布団をしいて寝ていたじゃないか。そういう事実があったのだから、私の方があんたを責めるべきはずだのに、私があんな状態になっていたのだからと許して、今まできた。私が神ダーリのときには、神に追い立てられ、おどされて、歩かされた。神が責めなくなったかと思うと、夫が責める。家には鬼を飼っているようなものだからこれ以上私はやってはいけない。あんたと一緒ならば、自分がどうなるかも知れたものじゃない。子どもを殺すことになるかも知れない。あんたが死ぬかも知れない。あんたはアクが強いから死なないかも知れない。けれども自分の子どもはあんたの暴言のために殺されるかも分からない。私はあまりにも心が暗くなって胸がふさがりすぎ、神ごとをやるにも歌が出なくなってしまった。これではハンダンができなくなる。お願いだから別れて頂戴」

カナは畳に手をついて哀願した。

そののち、夫は別のところに地所は買う、新しい車は買う、催合《もやい》も自分が落す、とひそかに計画をめぐらしていたが、ある日、とつぜんボストンバッグ一つもって出ていった。カナのもとには子どもだけ残して。

カナは二度目の結婚にも失敗したことからひどく落ちこんでしまった。神は何を考えてこんなに苦しまねばならぬ男たちと自分をめぐりあわせたのか、それほど力のない神なのか、とやり場のないうっぷんを神に浴びせかけた。これから子どもたちをどうやしなっていくのか、夫の残していった借金や掛金をどう払っていくのか、という思いが毎夜カナを眠らせなかった。

カナは〈自分が神ダーリになったときは気ちがいではなかったけれども、こんどは本物の気ちがいになるだろうな。こんど気ちがいにならなかったら、自分は相当強い人間だ〉と思った。

最初の夫と別れたあと、こんどこそはと求めた家庭の幸福を神がまた取りあげたことの裏には、神が人間以上に嫉妬ぶかく、カナの心を自分にだけ向けさせたいと思っていることが、カナには否応なしに伝わってきた。しかし現実の空しさはどうしようもなかった。

そうしたある夜、カナが寝ていると枕許に白いひげを生やした老人がやってきた。老人は、

「自分の顔を描いておまえの部屋に掲げておくがよい。そうすればおまえの苦しみは消え、おまえは救われる」

と言ったかと思うと姿を消した。

どこかで見たことのある顔だと思ったら、カナの神ダーリのとき、乞食すがたで杖をつきながら、彼女と一緒に方々のカミンチュ（神の人）の家やウタキ（御嶽）を案内してまわった老人だと思いあたった。

カナは飛び起きて、今しがた見た白ひげの老人の顔を丹念に描き、それを神棚のよこの壁に貼っておいた。カナは幼いときから絵がうまかったので、その神秘的な顔がカナの家に神ねがいにくる客の目を釘付けにした。そのことがあってから、カナの心身はおもむろに回復していった。

カナが夫と不和になった原因の一つは、弟の鷹彦がカナの家に入りびたりになり、神の話をして、カナを離さないことだった。血のつながった姉弟は神を共有することでいっそう強く結ばれた。そこに夫のつけ入る隙はなかった。夫はいつものけ者にされた。夫はイヤがったが、カナは夫に、

「私はあんたと別れても、鷹彦は捨てられない。あんたは健康だからどこでも生活できるが、鷹彦は見捨てられると、気がちがうかも知れないから、あんたと鷹彦のどちらをとると言われたら、鷹彦をとる」

と言った。

鷹彦にも神ダーリの兆候があらわれていた。

姉弟の絆

南島では姉は弟の守護神と考えられている。それをオナリ神というが、鷹彦はいつもカナに助けられた。

カナが八歳のときだ。三歳になったばかりの鷹彦と一緒に家の庭にいた。宮古島に大きな台風がやってきて、その台風が去ったかと思うと、こんどは竜巻が伊良部島《いらぶじま》のほうから海水を吸いあげながら、平良《ひらら》のまちを襲った。そのときカナは母に言いつけられて、落ちたオムツを洗い、ゆすいで庭の物干に乾していた。盥《たらい》のなかにポトポトと木の葉が落ちている。何のことかと見ていると、ゴーッという音と共に、西の方から真黒な風のようなものが押しよせて東へ移って来る。鷹彦は真っ裸になって、大人のゴム草履を履いて、庭で遊んでいた。竜巻のいきおいは強く、すでに東側を見ると、戸のようなものが飛ばされて落ちている。竜巻の根はまだこちらにこないが、その上部が蔽いかぶさっている。カナはとっさに立っていって、鷹彦を抱きかかえ、家の戸を閉めたか閉めないうちに、南がわの屋根の瓦がパッと取られて、家の中は明るくなった。カナは「お父《とう》、お父」と呼びながら、父親の許に走り寄った。父親は、めくられた瓦の間から真暗な空がのぞいているのを見て、「アマイノー」（竜巻）と叫んだ。

そのあくる年の節《シツ》の時だ。シツは南島の正月にあたり、宮古では旧の六月におこなわれるが、本土と同じように若水《わかみず》をかぶる。宮古ではその日、常世《とこよ》浪《なみ》で心身をあらたにするために海で水浴びする習慣があった。カナの母親は「鷹彦を連れて海にいっておいで」と言った。カナはふつうならば嬉しいはずなのに、そう言われても全然嬉しくない。その頃カナの家では、母親が台所で豆腐を作ってそれを売っていた。カナは母親の手伝いのために庭に出て椀を洗っていたが、海にいく気がしないから返事もしない。ブスッとしていて、いくともいかないとも言わない。

鷹彦はさきに海にいっていた。カナは椀を洗っているうちに胸さわぎがしてきた。何かが見える。弟が溺れかけているのが見える。カナは洗いかけた椀を置いて、子どもにとってはけわしい坂道を、ころがるように海にむかって走った。海岸では大勢の子どもたちが騒ぎ、はしゃいでいる。子どもたちの輪の中にいる一人が沈んだり浮いたりしている。その子は頭から沈んでぐるんぐるんとひっくりかえるようにしている。それが鷹彦かどうか分からない。しかしカナはぜったいに自分の弟だと、海の中にすべり落ちながら、子どもたちの輪をかき分け、夢中になって引きあげた。鷹彦は水を飲んで腹がパンパンに膨れている。カナは弟を砂浜に寝かせ、胸や腹を押さえると、鷹彦は潮水を噴水のようにプーッと吹いて、わーっと泣いた。水難に出会って助かったときのマジナイに、カナは海岸の小石を、鷹彦の齢の数だけひろい、彼のポケットに入れてやって、家に連れて帰った。カナはそのことを親にだまっていた。

カナが神ダーリ（巫病）になったのは、鷹彦が那覇で高校生だったときだ。彼が春休みに家に帰っていると、顔といわず髪といわず胸といわず、泥を塗りつけたカナが潮水にぬれ雫《しずく》を垂らしながら帰ってきた。それを迎えた母親はカナが海で死のうとして死に切れなかったことを即座に見抜いた。しかし鷹彦のほうは、初めて見る変り果てた姉の姿にただ茫然としていた。ふつうならば幸せな家庭をきずき、生まれた子どももまだ九ヶ月という幼なさなのに、どうしてカナはこのような格好になったのか。それも、何の前触れもなく、突如として両親や家族をおどろかし、困惑させる言動をとるようになったのか、鷹彦には合点がゆかなかった。しかしただ分かっていることは、世間にはフリムンと見られ、その果には家族からも敬遠されているカナは、鷹彦にとっては、つねに変らぬ優しい姉である、ということだった。

マカトとの出会い

鷹彦は中学までは宮古の平良市ですごしたが、高校のときは那覇に出た。その頃から身体に変化があった。鼻がつまったり、耳が聞えなくなったり、眼が見えなくなったりした。街を歩いていてとある店先に蛇が自分の尻尾を呑んでぐるぐるまわっているのに出会ったり、虹が一度に七つも見えたりした。

高校を卒業して那覇の私立大学の国文科に進んだ鷹彦は、知り合いの教師のすすめで、住み込みの家庭教師となった。その家は食堂を経営していた。鷹彦も学校の授業が終ると、その仕事を手伝った。

しかし食欲もだんだんなくなってくるし、心臓はドキドキして眠れない日々がつづいた。道を歩いていても、神が急に乗りうつってくる。学校で授業をうけていても、食堂でアルバイトしていても、神が身体から降りない。そこで暇さえあれば、波上宮《なみのうえぐう》や普天間《ふてんま》権現《ごんげん》、それに首里のウタキなどをまわった。そして鷹彦はカナに毎日のように手紙を書き送った。「私の大事な、大好きな姉さん、苦しいから助けてくれ」

ある日、鷹彦はアルバイト先の食堂に向おうとして、安里《あさと》八幡宮のところまでくると、運転していた車が急にストップした。エンジンがかかったまま、車は前に進まない。びっくりして何事が起ったかと思ったとき、急に神が乗り移って、車の外に出て歩こうとしても立てない。これほど急激な神のおとずれを彼はそれまで体験したことがなかった。鷹彦には神が何と言おうとしているのか分らない。もう「タンディ、タンディ」（御免なさい）という言葉をくりかえすだけがやっとだ。鷹彦は這うようにして、近くの公衆電話のボックスにたどりつき、友達に電話をして、車を持ってこさせた。そして友人の車に乗りかえ、そのまま空港にいって切符を買い宮古に帰った。カナがオガミから家に帰ってみると、魂が抜けたような鷹彦が神棚のまえに坐っていた。

神ダーリの鷹彦は「大好きな姉さん」につれられて、宮古中のウタキを廻りはじめた。自分たちの先祖が土原豊見親《ぬたばるとよみや》であることを神に告げられてからは、多良間島《たらまじま》まで足をのばした。それは滞在した数日間で多良間島の三十数ヶ所のウタキをまわるという烈しく、きつい巡拝であった。

宮古島の東側にある白川浜のウタキにいった時のことだ。そこは宮古の豪族の与那《よな》覇勢頭豊見親《はせどとよみや》が沖縄本島にはじめて船で出発したことを記した碑が立っており、その碑の前で沖縄本島からオガミにきた女たちの一行と出会った。

引率していたのは、宮古出身で首里の金城《きんじょう》町に住む新里《しんざと》マカトというカミンチュであった。同行の女たちはマカトの家に出入りして神の道の指導を受けている内弟子であった。沖縄ではそれらは「神の子」と呼ばれている。

新里マカトは鷹彦が首里に住んでいると聞いて、遊びにおいでと言った。このカミンチュのことはカナもうすうす知っていて、人間がよくないから近づかないようにと鷹彦になんども忠告したが、鷹彦は、寄りつくところのないさびしさから、マカトの家にしげしげと出入りするようになった。

ある日、新里マカトの家からの帰りがけ、五八号線を通って、奥武山《おうのやま》給油所で給油してそこから出ようと待っていたら、猛スピードで車がやってきて、鷹彦の車にあたろうとして、避けたいきおいで、向うがわの橋に車が突きあたり、メチャメチャになった。乗っていた人は何事もなく降りてきた。鷹彦は「大丈夫ですか」と声をかけて、そのまま食堂にいった。

鷹彦は食堂の大きなガラスケースの前に立っていた。ケースの中にはクリスマス用のケーキが飾ってあり、とりどりの照明の中に浮んでいた。そのうち、鷹彦の身体が触れもしないのに、後でパリンと音がして、ケースのガラスが微塵に割れていた。あまりのことに鷹彦はびっくりして、早く仕事が終らないかなあ、と閉店が待遠しかった。夜十時になると、彼は大急ぎであと片付けをすまして、また新里マカトの家にゆきかけた。

琉球大学近くの守礼門から東の方に降りてゆき、道を曲ったところで、また向うからタクシーがぶっつかってくる。鷹彦の車はそれをよけようとして、歩道に乗りあげてしまった。タクシーの男は「済みません」とあやまって去っていったが、一日のうちに、それも短時間に三度も起った異常なできごとに鷹彦は動転した。

マカトの家についたのは夜おそくであった。マカトはしばらく祭壇に祈りをあげると、鷹彦のほうへ向き直り、けわしい眼付で、

「色々な霊がついてまわっている。はやくその霊をとりのぞかねばならない」

と言った。

聖地巡礼

新里マカトが「神の子」と呼ばれている七名の女弟子をつれて、沖縄本島の西海岸に浮ぶ伊江島《いえじま》の聖地を巡礼することになった。まえに宮古島にやってきた連中である。旅行に加わることにした鷹彦はカナを誘った。カナは別に伊江島にゆく義理はないが、鷹彦の神ダーリが心配で、これも神が鷹彦を守れという指示だろうと、自分を納得させ、歩きはじめたばかりの次男を連れて同行した。

伊江島に着いた夜、旅館の広い部屋に布団を並べて、みんな寝るという段になって、カナは縁側にいちばん近い場所をあてがわれた。自分の頭のすぐ先に他人の足がくる格好になる。それでもカナは、ひとの足許に寝るということで自分がダメになり、みんながエラクなるわけでもない、と自分をなぐさめて、寝ることにした。

伊江島には数日間滞在した。マカトのひきつれた「神の子」とカナとの間には、日毎に異和感がたかまっていった。

マカトの一番弟子がカナに手向かってくる。

「あんたの神さまの勉強は本当じゃない。あんたは神さまから仮の免許を貰って、それで金もうけしている」

カナも負けずに、

「神さまの免許に、本免許、仮免許があるのですか。本免許を貰いたいと思ったら、どこで貰えるか教えてくれませんか」

とやりかえす。

マカトの弟子たちにしてみれば、カナが神の声を聞き、神を見ているということがおもしろくなかったのだ。

その帰り道、弟子の一人がカナに身体をぶっつけてきたが、カナが腰をひねってよけた拍子に、転んでしばらく起きあがれなかった。宿に着くとカナに意地悪をした女の足は丸太棒のように腫れあがった。それで足に灸をしてみたが癒らない。新里マカトが足をさすりながら拝んだりしたが、その最中に珠数の糸が切れて、珠が部屋中に散らばった。

ウタキまわりをしているときふしぎなことが起った。あるウタキで礼拝しようとしたとき新里マカトとその弟子が、坐ったままとつぜん居眠りをはじめたのだ。なかには眠りこけてイビキをかく者も出てくる始末だった。カナはその光景に呆気にとられていたが、鷹彦に手伝わせて、オガミの儀式をやった。みんなが起き出したのは儀式がすべて終ったあとで、マカトたちは面目を失なった。このことがあってから、カナはいっそうつらく当られるようになった。

伊江島でのさいごの日は、由緒のあるカーでお祀りをおこなうことになった。南島では洞窟の底に湧き出した井泉をカーと呼んでいる。井泉の水を汲んで一同は洞窟のまわりの芝生に坐った。まずはじめに新里マカトが線香を立てて井泉の神を拝み、次にマカトの一番弟子という風に拝んでゆき、さいごがカナだった。このようにオガミに順位をつけることに承服できなかったが、カナはだまってそれに従った。

芝生にはめいめいの坐る場所に、洗い米や塩や盃をのせた膳がすえてある。カナがそのひとつの膳の前に坐ろうとすると、マカトの弟子から「そこじゃない」と追い払われて、末席に坐らされた。

そうこうしているうちに、眼もさめるような色どりの途轍もない大きな蝶がどこからか飛んできた。蝶はカナの傍にいる男の子の頭や肩にとまった。男の子はそれをつかもうと、笑いながらはしゃいでいる。そのあと、皆の坐っているまわりを二、三度ぐるぐるまわったかと思うと、ふたたびカナの方に近づいてきた。カナはそれまでみじめな思いをしていたから、蝶が飛んできたのは、神さまがあんたの気持はよく分かっているとなぐさめてくれたのだろう、とふっと明るい気持になった。

そうした推測がほんとうであれば、自分の手の平にのるだろうと、腕をまえにつき出すと、案の定、蝶はカナの手の平にとまり、羽をゆっくり動かしてなかなか飛んでゆかない。手の平をはなれてもカナの頭や肩にとまって歩いていた。また皆のまわりをぐるぐる飛んで、さいごにカナの膳にのっているサカズキのふちにとまった。皆の視線がいっせいにそそがれているなかを、蝶はサカズキの中に羽ごとはいって、長いことじっとしていた。それは無心に酒を飲んでいるようだった。しばらくしてポーッと舞いあがり、カナと子供の許から、東のほうに飛んでいった。

沖縄では蝶は神の使いであり、蛾は先祖の使いであると信じられていて、カミンチュには大切に扱われる。今まで見たこともない大きく美しい蝶が飛んできたというだけで、みんなは無関心でおれなかった。その蝶がカナの膳のサカズキのふちにとまって長い間羽を動かさなかったというのは、カナのささげたサカズキを神が受けとったということを意味するものであった。マカトと弟子たちはその光景を固唾をのんで見ていたが、それは明らかにカナの勝利であった。それを見せつけられてみじめな思いをあじわった新里マカトと弟子は、おだやかでなく、カナと張り合う態度を露骨にあらわしてきた。

マカトの娘

伊江島の旅から帰って鷹彦は家庭教師として住みこんでいた家を出て、別のアパートに移った。アルバイトにしていた食堂の仕事もやめて、そのかわり収入のよいバーにつとめることにした。そこはカウンターで酒をのませるだけでボックスのない小さいバーであったが、客がどっと押しかけて、大変はやり、鷹彦も高い給料をもらった。バーには数人の女の子がいて、鷹彦は彼女たちを親切に指導してやり、みんなから懐かれていた。

ある日、新里マカトの家にゆくと、マカトは鷹彦に、

「女の嫉妬の霊をはやく取り除かねば大変なことになると神さまがすごく怒っている」

と言った。そう言われても鷹彦には心当りがなかったが、あるいはバーの女たちの

ことかと思ったりした。しかし後で思いかえすと、そうではなく、マカトの娘のことだった。

　鷹彦は毎日のようにマカトの家に出入りしていても、娘の心をよむことはできなかった。伊江島の旅からかえり、鷹彦がバーにつとめ出したことが、マカトの娘を苛立たせた。鷹彦のつとめからのかえりはおそく、しかもたいていい酔っているので、自分の部屋に戻って寝てしまう。以前のように夜分にやってきて、娘と話をする機会もすくない。娘は不機嫌になり、ことごとに母親につらく当り、ときには自分の部屋に鍵をかけ、終日閉じこもったまま出てこないこともあった。マカトはすっかり困惑し、鷹彦によせる娘の思いをかなえてやろうとした。

　マカトは彼女の「神の子」たちと九州旅行したとき、鷹彦に泊りにくるように頼み、娘と接触する機会を与えた。すると若い者同志のことだから、そのときの交渉で娘はたちまち身ごもった。

　それから数ヶ月たったある日、マカトは鷹彦を呼んで、

「神さまがきめた女がいる」

　と言った。鷹彦が、

「それは誰か」

と聞くと、マカトは、

「自分の娘だ、娘を妻にしなさい」

と言った。マカトの娘から身ごもったことを打明けられていた鷹彦はしぶしぶ結婚を承諾するほかはなかった。

それにしても、鷹彦の神ダーリが納まらないので、彼の運気をつよめる儀式をおこなうことになった。それを宮古島では「マウをトモス」と呼んでおり、マウ神（守護神）の霊力をつよめることで、運気をたかめる、魂ふりの行事である。

その儀式はカナがとりしきることになり、彼女は鷹彦をつれて、生まれ在所のウタキ、母方の実家のウタキ、さらには遠い先祖がいたという多良間島のウタキまで足をのばしておがんでまわった。

この儀式のしめくくりを鷹彦のアパートでおこなう段になって、新里マカトはカナを差し措いて、自分がやると言い出した。

その最後の儀式はマカトがまちがったオガミをしたために、大失敗におわった。

鷹彦はまえよりも頭はのぼせ、眼はボーッとかすみ、鼻は利かなくなり、烈しい幻覚におそわれ、心身はますますおかしい状態に陥った。

それにもかかわらず、マカトは、

「神がはやく結婚式をあげよ、と言っている」

と鷹彦をせき立てた。

南島にかぎらないが、神に仕えるものは性愛がうとましくなり、たとい夫であっても自分の寝床に近づくのを拒否することが少くない。カナの場合も、それが夫婦の不和の大きな要因となったことは否めない。

これは鷹彦も同様であった。神ダーリになって、神のことが始終念頭から去らない彼は異性のはなつ匂いにつよい嫌悪をおぼえることがあり、それは「マウをトモス」儀式に失敗してからいっそう烈しくなった。

マカトの娘は鷹彦が微妙に自分を避けているのを察知した。

あるとき、鷹彦が「臭い」と言ったのが、マカトの娘を怒らせた。鷹彦は「化粧が臭い」と言ったのだが、娘にしてみれば、それはどちらでも同じことでしかなかった。

娘は鷹彦に愛情のないせいだとつよく責め、彼に女がいるのではないかと疑いをかけ、こっそりバーまで出向いて、なかの様子をうかがったりした。

カミンチュならば神ダーリの鷹彦がそのようになることは理解すべきなのに、マカトは娘から聞かされて逆上し、鷹彦にバーの仕事は今直ぐやめて他の仕事を見つけ、自分の家から通うようにと迫った。バーをやめたら、高額の収入はなくなる。

鷹彦は追いつめられた。

宮古からは鷹彦の父とカナが結婚式の日どりを相談するために、首里にやってくるという連絡があった。鷹彦は挙式の日どりが決まったら終りだと思い、薬を大量に飲んで自殺をはかった。

鷹彦がアパートで布団をかぶって朦朧としていると、彼の父とカナがやってきた。カナはマウ神がはやくゆけとせき立てたので、予定よりも一日はやく宮古島を出発してきたのだった。カナが鷹彦の名前をよぶと、ハイとは返事をするが、ロレツがまわらない。鷹彦が昼から酒を飲んでいるのかと思い、何か食べさせねばと起すと足もとがひどくふらついている。カナについている神は、これを寝かしたら大変だから寝かすな、という。そこでカナは酒を口に含んでいきなり鷹彦の顔にかけたり、手の平で叩いたりして寝かさないようにした。それでもカナは鷹彦が薬を飲んだということは気付かない。神の指示通りやっているだけだ。

カナは鷹彦の枕許で線香をたいて絶やさないようにした。線香の火が消えかかるとまたつなぐ。そうして鷹彦の命をつないでいるのだった。鷹彦は意識がない。それでときどき手の平で顔を叩く。夜中になると、静かな空気の中に線香は渦をまき、グルングルンと切れて、ガチャンガチャンというおそろしい音をたてて落ちた。

夜が明けたとき、新里マカトが息を切らしてやってきた。マカトの言うことでは、自分の居間の壁に掲げてあった絵が夜更けにとつぜん落ちたのだという。その絵は女神が龍神の背に乗った姿を描いたものであった。マカトが物音に飛び起きると、「辰の子を救え」という神の声がした。鷹彦も辰年であり、またマカトの娘が身ごもった子も辰年である。マカトは娘が流産しないかと心配したのであったが、カナは神が鷹彦を救えと言ったのだと諒解した。

鷹彦の父とカナが一日はやくきたおかげで鷹彦は命をとりとめることができたものの、事態は更に悪化した。そのなかで結婚式の日取りはきまった。鷹彦は二十四歳、マカトの娘はその一つ年下であった。

女神との交わり

鷹彦とマカトの娘は那覇で新世帯をもつことにした。鷹彦はその準備をするために宮古に帰った。しかし結婚には何の期待ももてず、あるとすればやがて生れる子どもへの愛だけであった。

ある日、彼は宮古本島の東南部にある城辺《ぐすくべ》町の西里添《にしざとそえ》のあたりを車で走っていた。

サトウキビの収穫期で、農夫が忙しく立ち働いていた。キビを満載して製糖工場にはこぶトラックと時折すれちがった。

ふと前方にこんもりした森が見える。そのあたりから彼を呼ぶ声が聞える。空耳かも知れないと思いながらも、彼は森の近くで、車を農道の脇にとめ、そこから銀合歓《ぎんねむ》や羊歯《しだ》の生いしげった小道をかきわけて声のする森の方に近づいていった。すると、眼の前にぽっかりと鍾乳洞の入口が現れた。その入口の手前はビロードの絨毯を敷きつめたように苔のびっしり生えた場所となっていた。

鷹彦はその美しい苔の絨毯に腰を下していた。どの位時間が経ったかも分からない。あたりの静寂をやぶって、

「裸になりなさい」

という声がした。見まわしたが声の主の姿は見えない。

しかし鷹彦は言われたままに、洋服を脱ぎ、キチンとたたんで苔の上に置いた。するとこんどは、

「そのあたりを歩きなさい」

という声が聞えた。

鷹彦は苔の上をゆっくりまわった。キビの取り入れ時期は宮古でもっとも寒い季節

である。幾十回とまわっているうち、裸の肌は紫色に変色した。

しかし彼はすこしも寒さを感じなかった。それどころか、人間の肌よりも、もっと、さわやかなぬくもりをおぼえていた。鷹彦は苔の絨毯をめぐっているうちに、神が乗り移ったらしく、飛び上ったり、跳ねたりした。じっとしていても身体がガタガタふるえた。

「来なさい」

という声が、洞窟の奥から聞えた。

鷹彦は裸のまま洞窟に入った。夕暮時で洞窟の中はうす暗かった。眼を凝らして見ると、奥の方に白いものが見える。乳房の形をした石が二つ並べて置いてあり、その前で線香をたいた跡があった。

洞窟の天井は多数の鍾乳石が垂れ下っており、天井の頂上の部分にほそ長い穴が開いてそこから空がのぞいていた。

とたんにものすごい声で鳴く鳥の声がした。すると、その穴から光のようなものがサーッと降りてきて、鷹彦をつつんだ。それはやわらかであったが、そのつよい力に、鷹彦は金しばりにあったように動けなかった。

ふと風のようなかすかな息使いにおどろくと、地面につく位のながい髪を垂した女が、白い紗のような着物をまとって彼のまえに立っていた。そのうすい着物を通して、蛇のウロコのようにキラキラする肌と、盛りあがった乳房が透けて見えた。

何とも云えない快感の渦が彼に巻きつき離れなかった。鷹彦は両手を垂れたまま、これまで経験したことのない感情につらぬかれ、身じろぎもしなかった。彼の身体の一部は痛いように堅くなり、それが耐え切れなくなったとき、鷹彦は大胆にも洞窟の奥にまつってある御神体石のところまで歩き、乳房のかたちをした石にむかって、彼の白い液体をほとばしらせた。

それは女神を犯すとも考えることのできる行為であった。瀆聖の快感と肉感が綯《な》いまざっているために、彼の感情は灼けつくように昂ったにちがいなかった。

鷹彦は「裸世《はだかゆ》」と沖縄で呼ばれている時代にかえった気持で一杯であった。そこでは男も女も裸のまま暮して何のはじらいもなく、霊と肉の分離もなかった。そのことを彼はまさしく体験したのだった。そう言えば、洞窟の天井の隙間からひびいた物凄い鳥の声も原始時代を告げるものであったか、と彼は思い返した。鷹彦は洞窟の女神の愛を受け入れてから、どのようにして家路についたかは分からなかった。

その日から鷹彦は寝ても覚めても、女神を恋うようになった。女神の呼ぶ声がすれば、夜なかでも彼は洞窟にかけつけた。そしてそれだけの報いは女神から受けた。いつも光のようなものが降りてきて、風のようにふわりと彼の身体にあたる。それは女神が彼にさわっているしるしであった。彼は無上のよろこびを伴った愛撫を受けた。

地元の人の話では、そこは女神が天降りしたという伝承があり、洞窟はビーマルウガンと呼ばれていた。ビーマルは子供を産むことで、そこは子供のできない夫婦が子宝を授かるように祈願する拝所《ウガン》であった。鷹彦はそのことを知らず、女神から呼ばれるままにそこに足を踏み入れたのだった。

彼は悲しかった。女神と人間の恋。人前でこのことを話しても誰も信用してはくれまい。かえって鷹彦が悪い神にそそのかされているとふれまわるのが落ちである。とくにマカトやその娘にとっては、結婚したくないための窮余の口実としか受けとってくれないにきまっている。人前で平気で裸になる痴れ者《しれもん》になるのではないかという不安も捨てきれない。

しかしまた彼は嬉しかった。彼はどんな人間の女に対する何倍、何十倍の愛をささげて悔いることのない愛を得たからだ。その愛は奈落にひきこまれるように深いもので、とろけるように甘美であり、鷹彦は洞窟にいるとき何の憂いも不安もなかった。洞窟自体が女神だった。あるとすれば、彼が女神を犯している、あるいは女神から犯されているという罪の意識であり、それがまた彼のひそかな感情を昂ぶらせた。

鷹彦は女神がいつか彼を呼ばなくなる日のくることをひたすら怖れた。マカトの娘から早く帰ってくるよう連日のように電話や手紙があったにもかかわらず、宮古島を離れることを一日延しにしていた。

鷹彦はこのような感情がマカトの娘との愛情生活を不能にすることを恐れた。彼の眼には破局に陥った新婚生活の光景が大写しの映画の場面のようにはっきり映った。

神の御声《ウクイ》

鷹彦はマカトとその娘の度重なる催促にやっと重い腰をあげ、後髪をひかれる思いで宮古をあとにした。那覇空港についたらその足で新里マカトの家に直行する約束になっていたが、その日は飛行機の便が悪く、最終便で那覇に着いた。それでマカトの家にはゆかず、ひとまずアパートに帰ることにした。そのことを伝えに、近所の公衆電話ボックスまで出かけていったが、気が重く電話をかけないで、自動販売機のジュースを買って部屋にもどった。

あくる朝、マカトの娘がやってきた。そのとき鷹彦は風邪をひき悪寒がするので寝ていた。娘は部屋に入ると、いきなり、手にはめていた婚約指輪を鷹彦にむかって投

げつけ、

「この指輪返す」

と叫んで、部屋を出ていった。

そのあと新里マカトがやってきた。そうして「娘は昨夜一晩中待っていたのに」と苦情を言った。

鷹彦は娘を探そうとマカトの家に電話をかけたが、娘はまだ家に帰っていなかった。それで娘の友達と一緒に心当りのあるところを車でさがしたが、見つからなかった。やがてマカトの娘の姉の夫から電話があり、彼女が薬をのんでフラフラしながら家にやってきたので、いそいで病院に連れていったと伝えた。

鷹彦は病院にかけつけた。マカトの娘は彼の姿を見ると布団をかぶって泣いた。あくる日、再び病院をおとずれて、担当医師にたずねると「身ごもった子は五ヶ月目に入っているから、今処置をするのはかえって母体に危険だ、産んだ方がいい」と告げられた。

鷹彦は飲んだ精神安定剤が胎児に影響がないと聞かされて、飛び上がるようにうれしかったが、それと共に今まで張りつめていた気持がみるみるくずれていくようだった。

その年も押しつまった暮の三日に、鷹彦とマカトの娘は結婚式をあげ世帯をもったが、いざこざの絶え間がなく、マカトの娘はヒステリイを起し、「子どもをおろす」と言って泣きわめいた。そして一月足らずで実家にかえってしまった。

まもなくマカトとその親戚がやってきて鷹彦に離婚届の印鑑をおさせて引きあげた。立ち去りぎわに神棚とフライパンとお茶を沸す道具のほかはみんなもっていった。それでも飽き足りずに、マカトは鷹彦に、

「あんたみたいな男はドブに捨てても誰も助ける者はいない」

と捨科白を投げつけた。鷹彦はやがて生まれ出る子どもの顔もみないまま、悪夢のような短かい結婚生活に終止符を打った。

首里での生活を切りあげ、荷物をまとめて宮古に帰った鷹彦は、これまでよりも熱心にウタキまわりに明け暮れた。神々をオガミ直し、マウをトモス儀式も、カナの手でもう一度やり直した。

彼の曾祖父が開いたという万古山のウタキにいったとき、鷹彦は神が自分にふりそそぎ、自分が神になっている気持をあじわった。そのときとつぜん彼の口から神の御《ウ》声《クィ》（託宣）が出たのであった。

神《カン》マ試《たみ》サマイ
天マ試サマイ
神ヌ童《クガニ》ガマタユバア
七転ビ八起キトナギ
持チャギサマイウトイド
大流カイヤ打チシュウトイ
荒波カイヤ打タシュウトイ
人間ヌ道ヤムム道
神ヌ道ヤピティィイッティ
人間ヌ道ヤ　イフンツマイドフミ
イフ心マイド
人間ヌ考イティィヌムノヲ
カアリイキスカマイ
神ヌ道ナ　クルイティィヤニャアン
人間ヌツキィ肝ヤパライスティ
神ヌ肝ヤムチュウトイ

（神は試される）
（天は試される）
（神の子たちをば）
（七転び八起きとなり）
（持ちあげなさる）
（大きな流れに打たせ）
（荒波に打たせて）
（人間の道は百もの道）
（神の道は一つだけだ）
（人間の道は　いくつも踏んで）
（いくつも心があるが）
（人間の考えは）
（変わっていく）
（神の道に　狂いはない）
（人間につく肝は捨て）
（神につく肝もって）

神ヌ子ティ歩イマイキミイル　（神の子として歩け）

鷹彦の心は神の力で充電されたようになった。するとふしぎに次の日から鷹彦の家に客がやってきた。彼がまだ若者であること、首里の大学に通っているという高学歴の持主であることが、宮古中の評判になった。鷹彦は神ダーリに苦しめられたとはいえ、カナの神ダーリに比べると、はるかに軽くて済み、神の道開《あ》けまでこぎつけることができた。カナが鷹彦の神ダーリを肩がわりしたからである。

鷹彦はマカトの娘と別れるとすぐ城辺にある洞窟の女神に会いにいった。マカトの娘と関係のある間は何か罪を犯しているようにうしろめたさがあったが、その縁が切れたいまは何のはばかるところもなくなった。

とくに酒を飲んだあくる朝は無性に会いたくなった。こんもりした森の洞窟は彼をしずかに待っていた。苔の絨毯の上に疲れた身体をやすめていると、いつものように引っぱられるような感じがして、洞窟に入る。洞窟の天井には神の息が出入りする穴が開いている。鳥が烈しく鳴き、光るような着物をきた髪のながい女性が、乳房を見せて彼のまえに立つのも変りはなかった。鷹彦はカーテンのようなものに包まれ、大きな恋情にみたされ、至福感にうちふるえ、女神と合一する瞬間が到来すると、乳房のかっこうをした丸石の上に、女神への彼の白い供物をささげた。

マカトの娘と別れてから三年目、彼女から三歳になった子どものために、結婚をもう一度やり直したいと言ってきた。カナの意見を聞くと、鷹彦がマカトの娘に愛情を見せなかったから、こんなことになったのだが、むこうも詫びてきているから、子どものしあわせを考え、今までのことは水に流して、努力しなさいと忠告された。

カナの言うことはもっともだと思ったので鷹彦は新規蒔き直しのために、アパートを借り、電気器具などの家庭用品もととのえて、マカトの娘と子どもが宮古にやってくるのを待った。

鷹彦は神の道開けをしてから、客のためにハンダンをする毎日だったが、彼と一緒になったマカトの娘は若い女の客がアパートにくると、その日は一日機嫌がわるかった。まして顔立ちのよい女がくると尚更のことで、言いあいのすえ、テーブルをひっくりかえすこともあった。またカナが出入りするのも嫌った。

あるとき、カナの悪口をマカトの娘があまり言うので、鷹彦は酒を飲んであばれ、

「ええもう死んでやる」

と海に走っていって、沖の方まで泳いでいった。

それを見たツヅの神は鷹彦をつよく叱った。鷹彦は後悔して泣き、神にむかって、

「タンディ、タンディ」（御免なさい）という言葉をくりかえすだけだった。海から上がって砂浜にひざまずいて坐っていると、彼の身体は神から叩かれてウサギのようにとび上がった。

マカトの娘との間には毎日口論がつづいた。そのあげく娘は縫針を飲み、鷹彦があわてて病院に運びこんだこともあった。

そこでマカトの娘の運気をつよめる儀式がおこなわれた。首里からも新里マカトや二、三の親戚がつめかけた。その儀式はカナがとりしきったが、カナに憑いた神は、激怒し、

「家庭の平和を乱し、神聖な神の人の座敷を汚した値打ちのない女」

と烈しい声でマカトの娘を叱った。そのような叱責の言葉を儀式の前からカナは用意していたのではない。それがむしろ自分の意に反して口を衝いて出たことにカナはおどろいた。

その座に居合わせたものも思ってても見なかったことで、一瞬どよめいた。マカトやその娘は、カナが神の口を借りて弟の嫁に対する怨恨を晴そうとしたものだと受けとった。マカトはその場で娘をつれて首里に帰った。こんどこそはと意気ごんで再出発したものの、マカトの娘との生活は、わずか三ヶ月しかつづかず、あっけない幕切だ

った。子どもは鷹彦の手に残された。

鷹彦は洞窟の女神のところに、こだわりなく自由に通うことができるのをよろこんだ。しかし女神のほうもまた彼とマカトの娘との結婚の破局を望んで、そのように仕向けたのではないかとふと思ったとき、足許の大地が割れて、地中に呑みこまれていくような戦慄をおぼえた。

鷹彦は女神と訣別しなければ、終生その虜《とりこ》となってしまう危険を心底から感じた。もうこれからは女神の呼ぶ声があっても出てゆかないと心に決め、最後の別れをするつもりで、洞窟の女神とまじわった。

洞窟を出ようとすると、神の声が追っかけるようにひびいてきた。

辰年　童《クガニ》ウワア　　（辰年の輝く子供よ）
ドウガドウユバー　　（お前の身体をば）
タダティ考イナ　　（ただものと考えるな）
豊見親ガ御天主　光輝ク神様ヌ　　（豊見親の御天主の光輝く神の）
輝ケヨ　光ヨ　光レ　　（輝《い》けよ光よ　光れ）
亥ドウイガ姉ヌドウユバー　　（亥年の姉の身体を）

神ヌドウティィウムイ　（神の身体と思い）
ウワア　片腕ティィナランダキ　（お前は片腕となるよう）
手ユトイ　力トナリヨウイラ　（手をとり力となりなさい）

悪霊とたたかう少女

宮古島という島

一九九五年七月のむしあつい日、根間《にいまず》カナのところに電話がかかってきた。知らない人からのものだった。

「私は奄美大島の名瀬出身の南風野《はえの》夏子と申します。じつは私の娘で、十八歳になるルチアというのが、とつぜん先生にお会いしたい、と言い出しまして」

「どうして私のことを知ったのですか」

「いえ、それが……」

南風野夏子と名乗る女性は口ごもっている。

「よければ話してみて下さい」

根間カナは神の道を開いてからもう二十数年になるので、こうしたことには馴れている。

南風野夏子は電話口で次のように語り出した。

私は奄美の名瀬が故郷ですが、今は鹿児島市に住んでいます。四、五日まえ、名瀬の実家から私の母と妹が見舞いにやってきました。私がルチアを相手にさびしい生活をしていますので、私の話し相手になりたい、という気持だったと思います。楽しかった一家団欒の数日がすぎ、昨日になって母と妹が午後の飛行機で帰る準備をしていますと、それまで元気だった娘のルチアが急にフラフラと倒れました。

「どうしたの」

あわてて三人でルチアを抱えて布団に移し、横にさせますと、これまで一年近くも記憶が消えて口のきけなかったルチアが、

「しま、しま、しま」

と言い出しました。

私どもはルチアが口を開いたのにおどろきましたが、すかさず、

「どこの島」

と聞きました。

「沖縄の南の島、古い島と書く島がある。そこは明るい、海が近くに見えるからっとした島で、風が通る島、そこに五十歳ぐらいの女の人がいる。頭はポテッとした形をしている。髪は真っ黒。早く会わなきゃいけない。一人で行ってくる。もう、お母さんには、これ以上迷惑をかけられない。その人のことは海野先生に聞いてみて。海野先生の知っている人」

そこでルチアは目を開けました。

三人は固唾を呑みながら聞き、まず口がきけたことを喜びましたが、字が書けるかと思って、

「自分の名前を書いてごらん」

と促しますと、子どものような字で書きました。ルチアはこの一年ほど前に、とつぜん口がきけなくなったのです。そればかりか、字を読んだり、書いたりすることもできなくなっていたのです。そのことはお目にかかった時、くわしく申上げます。

そこでさっそく、知り合いの海野先生に連絡をとりました。海野先生は、自分の思

いあたる人といえば、根間カナさんにまちがいないとおっしゃいました。二度根間カナ先生にもお会いになったということで、海野先生から根間カナ様の電話番号を教えていただき、いそいでお電話をおかけした次第です。

それから数日後、南風野夏子とルチアは約束した日に根間カナの家に現われた。夏子は四十代の半ば、傍のルチアは固い表情の中にあどけなさを残していた。夏子とルチアの視線はカナに注がれていた。頭がポテッとしている、とルチアが口走ったのにたがわず、カナは琉球風の髪型をしてきれいに結いあげており、フワッとした顔をしていた。夏子はカナから問われるままに、ルチアのこれまでのいきさつを、生い立ちから語りはじめた。それは長い物語であった。それを三時間かけて話し終ったとき、夏子はルチアにかけた六年間の思いを晴らしていた。

原因不明の病気

ルチアは奄美大島名瀬の敬虔なカトリック信者の家に生まれた。

ルチアが三歳の時、一人でテレビを見ていると、隣の部屋の白い洋服ダンスの扉が開いた。閉めようと思い、タンスの前に行くと、中からフワフワと白い霧のようなものと一緒に手が出てきたので、ルチアは自分の手を出してチョンチョンと触わると、それは冷たい手だった。霧のようなもののあいだから白い鬚の老人が左手に杖をもって立っている姿が見えた。ルチアはこわくて転げるように階段を駈け降りて、階下にいた母親の夏子に、

「お母さん、今、タンスの中から白い手が出てきて、さわると冷たかったよ」

と何度も言ったが、夏子は家事で忙しく、

「あっちへ行っていなさい」

と取り合わなかった。

ここでルチアの名前に触れておくと、彼女が生まれてすぐ祖父が命名したもので、洗礼名ではない。ルチアは保育園に通っている頃受洗したが、その時もこの名で通した。ルチアの曾祖父は山口県の出身で、フランス人の神父と共に布教のために奄美大島にやってきて、名瀬の女性と結婚した。ルチアの語源はラテン語で光という意味で、祖父が自分の孫に、光となってまわりを照らすような子になってほしいという願いをこめたものだった。

ルチアの身体に異状が起ったのは、中学二年生にあがった五月頃からで、十三歳に

なったばかりだった。当時夏子たちの家族は名瀬から那覇に移り住んでおり、ルチアは首里の中学校に通っていたが、急に腰が痛いと言い出して、夏休み明けの二学期が始まったある朝、立てないほどの痛みがきた。夏子は直ぐ、琉球大学付属病院の整形外科に連れていったが、検査結果は異常なし。しかし学校へ行けないほどの痛みはひっきりなしに襲ってくる。学校側も見かねて、家で試験を受けてもよいと職員会議できめて、特別に計らってくれた。そこで夏子がすぐに学校へ試験問題の用紙を貰いに行くのだが、貰ってきてもルチアは坐ることも書くこともできない、というような状況で、学校に行けないまま、病院廻《めぐ》りがはじまった。

琉大付属病院のつぎは、沖縄本島の中部にある徳洲会病院へ行って、さらに詳しい検査をして貰ったが、結果はそこでも異常無しであった。それから県内の何ヶ所かの県立、市立、個人の病院を廻ったが、どこの病院でも病名は出てこなかった。

病院で埒が明かず、困り果てていたが、そのうちルチアの通っている中学の校長から勧められて、宮崎県日南市にある整骨治療院へ行くことにした。九州中から治療にあつまってくる有名な治療院と聞いて、そこへ行けばきっと原因がわかってよくなるだろう、と期待した。行った時は十月頃でコスモスの花がたくさん咲いていたのが印象的だった。飫肥杉《おびすぎ》で知られたところで、夏子とルチアは古い民宿から山の中にある治療院へバスで毎日通う生活をはじめた。南島育ちの親子には寒いところだった。持って行った金はどんどん無くなり、あとでは民宿では一人分の食事を二人で分けて食べるようにした。食欲もなかった。往復のバスの中では二人ともいつも居眠りをしていた。

一月たつとルチアの腰痛は治ったので、那覇に戻った。学校に復帰したルチアは見ちがえるようになり、ロードレースに出たりした。しかしそれも束の間で、その年の暮には、また立てなくなった。

そこで今度は、ルチアひとりで宮崎に行かせることにした。宮崎空港には治療院の息子夫婦が迎えにきていた。

ルチアはその平成三年の正月を、その家に厄介になってすごしたが、腰や足の痛みはとれず、ますますひどくなるばかりだった。はじめて宮崎にいった時から四ヶ月過ぎていて、ルチアは高校進学のこともあり、焦った手紙を夏子に寄越した。もうこれ以上よくならないと治療院の先生にいわれて、ルチアは足を引きずって那覇の家に戻ってきた。今度はどこへ行けばよいのだろうか。家族が暗い日々をすごしているとき、日南市の治療院に通っていたとき知り合った人から電話がかかってきた。

「今、どうしているのですか」

「もう、沖縄県内では行く病院もなく家にいます」

「鹿児島市の大学病院に行きなさい。日本で三本の指に入っている整形外科の先生がいらっしゃるから」

そこで親子は名瀬の知人の医師の紹介状をもって、鹿児島大学病院に行った。検査のために入院したが、痛みと画像が合わない。椎間板ヘルニアらしいのだが、痛みの箇所がつきとめられないので、心療内科にまわされて、心理テストを受けたが、医師は、

「問題は何もない」

と困った顔で笑った。ルチアは中学三年生という思春期に遭遇しているので、いろいろな角度から見られていた。次は産婦人科の検査ということだったが、

「それはやめて欲しい」

と夏子は頼んだ。そのうち別の病院の機械で検査をして貰い、その結果を見ながら、椎間板ヘルニア専門の医師が言った。それは「椎間板はすべてヘルニア体質です」というもので、原因が分かったような、わからないような説明だったが、夏子はルチアを説得した。

「もうこれ以上検査をしてくれる病院はないから、この大学病院で手術をしようね」

その日、夏子はひとり手術室の前で待っていた。「長い入院生活もこれで終りになる。ルチアはもう大丈夫」という安堵感が夏子の胸にひろがった。しかし手術は下半身麻酔であったせいか、ひどい痛みを伴うもので、痛みのためにルチアのかぶっていた手術用の帽子が飛ぶほどだった。

ルチアは「病院はもういやだ」と言って、退院したあとは、経過調査のために指定日に一度だけ病院に行き、その後は襲ってくる痛みがどんなにひどくても手術した病院へは行かなかった。

大学病院の同じ病室にいた女性から、せっかく鹿児島まできたのだから沖縄にかえる前に、自分の世話になっている古神道の教師の許にいって見たらと言われた。すすめられる通りに訪ねたのは、鹿児島空港の近くの高台にある館《やかた》のような建物で、そこの応接室で待たされたあげく、三十半ばぐらいの、思ったより若く大柄な男性が現われた。口ひげが印象的で、あまりしゃべらなかった。

「娘さんだけきなさい」

その教師はルチアを連れ、建物の中央にある階段を昇って行った。踊り場でルチアが心配そうにこちらを振り返ったことをおぼえている。帰ってきたルチアの話では、二階の奥には、五色の幕を張った祭壇が設けられてあった。古神道の教師はそこに供えてあった小さな竹の筒をもってきて、ルチアの眼といわず耳といわず顔中に息をプーッと吹きつけた。背中や足腰などにも吹きつけた。ルチアはむずがゆく、くすぐったかったが、笑うのをこらえていると、三十分ほどで終った。

二階から降りてきた教師は応接室で待っていた夏子にむかって、

「もう大丈夫です。浄霊をしました。神棚を買うようにして下さい」

「おいくらですか」

「三十万です」

夏子はどうにかしてルチアの痛みを取ってやりたいという思いで一杯だった。沖縄に戻って、おそるおそる夫に神棚の話を切り出すと、

「そんなもので治るはずがないだろう」

とにべもなく断わられた。

ルチアは中学三年生に進級したが、一日も学校へ行けず、落ちこんでいた。もう行く病院がない。どうしよう。

その頃から、霊的な現象がルチアに襲ってきた。

悪霊に憑かれた少女

ルチアには昼となく夜となく、いろいろなものが見えたり、聞えたり、おかしなことが増えてきた。真夜中に、防空頭巾をかぶった子どもがガラス窓の外からのぞきこんでいたり、黒い紋付袴の男たちが提灯をもって、部屋の中をグルグル廻るという。

とうとうルチアは自分から、

「精神科に行ってみたい」

と言い出した。夏子が理由をたずねると「今自分がどうなっているかを知りたいから」ということだった。

そこでプロテスタント系の内科と精神科のある病院に行ってみた。病院の玄関を入ると右が内科、左が精神科に分けられていた。ルチアと二人で待合室のソファーに坐って、ふと見上げると、左側の階段を上ったところに鉄格子が嵌っており、その中から泣き叫ぶ声が聞えた。

精神科の医師の一人はプロテスタントの信者であった。ルチアを先に診察室に入れて話を聞いてから、夏子を呼び、

「娘さんは悪霊に魅入られている。心をきれいにするようにして下さい」

それだけ言うと、薬もくれず、何の指導も与えなかった。その話をルチアにすると、納得せず、宗教をもたない医師の話を聞きたい、と言ったので、同じ病院の別の医師をちがう日に訪ねた。ルチアの話を聞いた医師は、

「登校拒否かも知れないので、那覇市が指導している相談所でカウンセリングを受けなさい」と言っただけであった。しかしルチアは自分が学校へ行けないことで、高校受験ができないのでは、と気を揉んでいた。精神科の医者たちの助言が何の力にもならないことが分かった。

その頃、周囲の勧めで、沖縄で悪霊払いに一番力があると評判の寺に行って見た。医師からルチアが悪霊に憑かれているといわれたことに反撥した夏子だったが、毎日毎日霊現象になやまされている娘に接していると、いつの間にかその診断にこだわっている自分を見出すようになった。

寺の受付で、悪霊払いの祈願を申し込み、金を払って本堂に入ると、二人の坊さんがいた。若い方は木魚を叩いて経の文句を唱《とな》え、年配の坊さんは堂の中央に立って、折りたたんだ経本を、扇のようにパラパラと右から左へ幾度も広げたり閉じたりして、その本でルチアの肩や頭を叩くだけで終った。それからお札をくれた。その時住職が

ルチアをまじまじと見詰めてたずねた。

「あんたは何か見えるのか」

ルチアは答えた。

「見える」

「そう、私は一度も見たことがないんだよ」

坊さんは言った。

夏子は〈これじゃだめだ。今、やったことは何だったのか〉という失望感が胸一杯ひろがった。しかし藁をも摑む思いでやってきたのだから、もしかしたらこれで大丈夫かもしれないと、その日貰ってきたお札を家の玄関から部屋から一杯貼って寝たのだが、その夜もあい変らず、霊現象がルチアに起り、それは日を追ってますますひどくなっていく感じであった。

そんな時、夏子は那覇の本屋で『凶悪霊は守護霊になる』という本を見つけた。その本には、ルチアの足腰の痛みそっくりの症状が挙げてあり、それは病気ではなく、先祖の霊がとり憑いているという記事があって、その著者が、先祖の霊を供養すると、痛みも霊現象も消えたという談話が述べてあった。著者の経営する寺が鹿児島市の郊外ということから、鹿児島に行って友人に相談すると、

「そこはお払いして貰うのに四十万お金がかかるのよ」

　友人は、今、自分がよく通っているお寺の先生がとても霊感が強い人なので、その先生にお願いしたら払って貰えるかも知れない、ということで、そこにルチアを連れていくことになった。そこは小さな寺であった。寺というよりは玄関と広い一部屋だけのふつうの大きな家の感じで、先生と呼ばれているのは、紺色の作務衣を着た女性であった。ルチアを前に坐らせて、拝む前に名前を聞ききっぱり言った。

「あなた方は自分の宗教をやめられますか。そうでないと、私は面倒みられない」

　夏子とルチアはその頃教会から足は遠のいていたが、それでも降誕祭や復活祭など、祝祭があるときは教会に通っていた。そこで出し抜けに宗教をやめることを求められても、直ぐそれに同意することはできなかった。女住職は夏子たちの気持を察したらしく、折角沖縄からきたのだから、しばらくの間寺に通いなさい、と言葉をやわらげた。

　ルチアの足腰の痛みは急に襲ってくる。ルチアは夏子に連れられて、足をひきずりながらそのお寺へ行き、女住職が仏壇の前で祈り払うと、その祈りが終るときは痛みがスーッと消えるという具合だった。その時、先生はルチアに「あなたはありがたい身体ですよ、あなたのような人は他人《ひと》のために生きていかないといけない」と言った。

それで少し落ち着いて沖縄に帰ったが、ルチアの痛みは治まらなかった。そうしているうち、悪霊を封じこめる力をもつプロテスタントの教会がある、と聞いて、そこをたずねて見た。牧師夫妻はとても親切で、

「いっそこの教会に住みなさい。そうすれば家で霊に振り廻されないで済むから」

と、牧師館の二階の本の詰まった部屋をあてがってくれた。ルチアと夏子は朝も晩もイエス・キリストに祈りつづけた。そこでは何も起らなかったが、一時帰宅すると、また霊現象が起るということをくりかえした。牧師夫妻はそうなると躍起になって、ルチアの肩を摑んで、

「悪霊よ、出でよ」

と大声で叫んだり、耳許で讃美歌をながながと歌ったりした。ルチアは煩わしくなって、しまいにはそうした仕草をひどくいやがるようになったので、世話になった牧師館を思い切って出ることにした。そして以前通っていたカトリック教会に戻ることになった。

ある夜、真夜中に夏子のとなりで寝ていたルチアがつぶやいた。

「お母さん、電灯をつけて」

夏子は枕許の電気スタンドの紐をひきながら、

「何なの」

と訊くと、

「今、夢を見ていたの。アメリカの大統領が片手を聖書の上に置いて宣誓するでしょう、その姿が出てきて、それから声が聞えたの。お母さん、本棚の聖書をもってきてちょうだい。そしてマタイ伝第十七章十四節を開いてみて」

聖書をもってくると、ルチアは、

「お母さん、何が書いてあるの、そこの所を読んで」

とせがむ。夏子は言われた通り、声を出して読んだ。

一同《いちどう》が群衆《ぐんしゅう》のところへ行《い》くと、ある人《ひと》がイエスに近寄《ちかよ》り、ひざまずいて、言《い》った。「主《しゅ》よ、息子《むすこ》を憐《あわ》れんでください。てんかんでひどく苦《くる》しんでいます。度度《たびたび》火の中《なか》や水《みず》の中《なか》に倒《たお》れるのです。お弟子《でし》たちのところに連《つ》れて来《き》ましたが、治《なお》すことができませんでした。」イエスはお答《こた》えになった。「なんと信仰《しんこう》のない、よこしまな時代《じだい》なのか。いつまでわたしはあなたがたと共《とも》にいられようか。いつまで、あなたがたに我慢《がまん》しなければならないのか。その子《こ》をここに、わたしのところに連《つ》れて来《き》なさい。」そして、イエスがお叱《しか》りになると、悪霊《あくれい》は出《で》て行《い》き、そのとき子供《こども》はいやされた。

夏子は聖書を読み進めながら、いつの間にか自分の娘と重ね合わせていた。悪霊に憑かれたといわれるわが娘にささやいたものが誰か分からないが、声が聞えたというルチアの言葉は信ずるほかない。それでなければ、マタイ伝第十七章十四節を言いあてるはずがない。

夏子は傍らに寝ているわが娘の得体の知れなさにたじろぐ思いだった。

あくる朝、夏子は久しぶりに心の高鳴りをおぼえながらカトリック教会の門をくぐった。聖堂の前で神父に出会ったので、昨夜ルチアに起った出来事を話すと、神父はだまってうなずいていた。やがて弥撒《ミサ》がはじまり、説教の時間がくると、神父は口を開いていきなり言った。

「みなさん、那覇にいるある少女に奇蹟が起り、神の御言葉が降りました。この子に悪霊が憑いている。それが払えないのは祈りが足りないからだという、御言葉が降りたのです」

会衆はいっせいにどよめいて、次の言葉を待った。しかし神父はその話に深入りせず、

「真の信者には祈りに不足があってはなりません」

そう言うだけで説教を終えた。

何もない真夜中に娘から「聖書を」と言われ、その通り開けると、「悪霊よ出でよ」という場面が出てきた。そしてそれを追い出すことができないのは祈りが足りないからだというイエスの言葉を夏子は自分に向けられているものと受け取った。夏子はその日以来、毎日ルチアと一緒に教会に行って祈った。ルチアがひどい状態に陥って連れていけないときは、夏子ひとり行って懸命に祈った。

沖縄の中部のある都市に霊的に強いというカトリックの宗派があり、そこは悪霊払いに特別に熱心だと聞いて、行ってみることにした。そこでは信者たちがルチアに同情して、儀式をおこなった。まずルチアを椅子に坐らせ、神父も修道女も一緒になって取りかこみ、ルチアの頭の上に手を置いて何回となく、

「悪霊よ、出でよ、出でよ、出でよ」

と言い、次の日取りを決めて、その儀式がくりかえされた。ルチアは皆の真中に坐らされて悪霊呼ばわりされると、意識が薄れて自分が悪霊になっていくような気がすると言った。

「なんで私が悪霊なの」

ルチアはさきのプロテスタント教会同様、カトリック教会に行くのもいやがった。それでも悪霊払いに自信をもっているある信者がルチアを自分の家に連れていったこともある。そこは邸内の一角がルルドの泉を模した小さな庭園になっていた。信者は聖母の彫像の足許の泉から聖水を汲んできてルチアの身体にかけた。ルチアは、

「痛い、痛い」

と逃げまわったので、信者にはそれが正真正銘の悪魔の悲鳴であると聞えたようだ。そうした行為はルチアにとって何の救いにもならなかった。

夢中浮遊

ルチアはもうズタズタになっていた。病院も教会も彼女の症状を回復することができなかった。その頃からルチアはやたらと眠る子になっていた。いったん寝ると、翌日の夕方になっても起きないので、膀胱炎にもなり、医者に往診して貰ったこともあった。医者は脈拍を計り、血圧、瞳孔を調べてから、

「起しなさい」

と言って、夏子が抱きあげても起きないルチアに何ということもなくただ、

「狐に憑かれているんじゃないの、精神科へ連れていきなさい」

医者はそう言い捨てて帰った。

その頃の霊現象は最もひどかった。夏子はひとりでは手に負えなくなったので、奄美に帰った。一刻も眼を離せない状態なので、夏子ひとりではどうしようもなく、実家の母や妹や甥などに応援にきて貰って、ルチアを見張った。

あるときはマンションの四階の手摺りから飛び降りようとしているのを見つけて、

「何をしているの」

と駈けつけると、ルチアは、

「あの世から友達が呼んでいるから行かなくてはいけないの」

と答えた。

ある夜は寝ていながら、

「ジゴク、ジゴクに落ちる、のぼれない、のぼれない」

ルチアはずるずると落ちていく自分の身体をもちこたえて、懸命に這いあがろうとする格好で手を上にあげる。それがやがて、

「ああ、天国。金粉みたいなものがキラキラ降ってくる」

夢の中でつぶやきながら、二、三分の間に地獄と天国を往復する。

あるときは、寝入ばなのルチアが、眼を閉じたまま言う。

「お母さん、さようなら、川を渡ります。一歩、二歩、三歩」

夏子の母も妹もおどろいて、まわりから、

「ルチア、川を渡ったら駄目」

と必死に叫ぶ。ルチアは川を渡ってしまった。

「ああ、天使がいる。花がきれい。おじいちゃんがいる。おじいちゃんの手は動くよ。おじいちゃんはここはルチアのくるところじゃない、といっているけれど、痛みがないからここがいい、帰りたくない」

ダダをこねたように言い出す。ルチアの祖父は生前右手が不自由であったが、天国ではその手が動いているとルチアは言っているのである。

またある夜は、皆が寝静まった頃に、ルチアが急に背中が痛い、と言い出した。夏子が布団の下に手を入れて背中を擦ったら、

「ちがうよ、お母さん、ルチアは今、天井にいるよ」

居合わせていた小学一年生の甥が起きてきて、

「ルチア姉ちゃんは眼をつぶって寝ているじゃないか。天井には誰もいないよ」

そのうちルチアは、

「身体が流れる」

とつぶやいて、外へ出てしまったようだった。マンションの近くにカトリック教会がある。ルチアは、

「今、教会の上にいるよ」

「今、墓にやってきた」

自分の位置を刻々知らせる。

「墓には眼の飛び出した人やいろいろな人がいるよ、こわい、こわい」

「お母さん、もうお墓の中に人はいないよ。みんな外に出ているよ」

それを聞いて、

「早く帰っておいで。ルチア」

と皆が叫ぶ。

「動かない。動かない、身体が動かないから帰れないよ」

そのうち、

「動いたよ」

とようやく言った。皆は力一杯拍手をした。

「お母さん、今、飛んでいるよ、電線の上を飛んでいる」

「今、お寺の上にきたよ、その上をまわっている」

「ルチア、早く帰っておいで」

「今帰るよ、お母さん、戸を開けて」

急いで表の戸を開けたとたん、ポンというすごい音がして、電気ショックにかけられたように、ルチアの身体がガクンと動いた。ルチアは眼をぱっちり開けて、あたりを見まわし、

「ああ疲れた」

と言った。皆は今しがた聞いた音響のことを、

「まるで何かが身体に突入した時のような音だったね」

と昂奮しながら話し合った。

いよいよ昼も夜もなく、ルチアが起きれば朝で、寝れば夜で、という暮しを親子はしていた。そんな時、夏子はふと台所に立って庖丁をとろうとしている自分に気付いた。

「死ねばいいんだ。まだ死ぬことが残っているんだ」

そのとたん、ふうっと楽になった。部屋に戻ると、ルチアは静かに寝ていた。

夏子は奄美大島の名瀬で結婚して、一男一女を儲けた。男の子はルチアの一つ年上であった。初婚に失敗した夏子は二人の子どもを連れて那覇に移り、再婚した。相手の夫はルチアをわが子のようにかわいがった。しかしルチアはなかなかなつこうとしなかった。そうして一年ばかり経ったとき「父の日」がめぐってきた。ルチアは夏子の夫に手紙を書いた。「今日は父の日。私のプレゼントはお父さんと呼ぶこと」それを読んだ夫は泣いて「自分にはじめて子どもができた気がする」とよろこんだ。ルチアが腰痛の治療のために日南市の飫肥《おび》に行ったとき、わざわざ見舞にきてくれた。鹿児島の寺に通っているときも、出張のついでと言って迎えにきた。夏子は夫のあたたかい気持に感謝した。しかし夫を引き合わせた寺の女住職の眼はちがっていた。寺の仏壇にむかって、皆が祈っているときに、一緒に坐って拝んでいた夫の身体が前かがみにのめったまま動けなくなってしまった。皆が心配したが、しばらくしてやっと身体を起した。そのあと、女住職は夏子を呼んで言い渡した。

「夫とは即刻別れなさい」

いぶかる夏子に向かって、

「ルチアに憑いているのは、あなたの夫の父親の霊だ。あなたの娘を救うためには御主人と別れるしかない」

夏子はそんなことがある筈はない、と思って那覇に帰ったが、ルチアの霊現象がますますひどくなるので、夏子は思いあまって、夫に迫った。

「別れて下さい」

夫は「お前の実家の養子に入るから」とか「外国に行ったら霊はいないはずだから、外国に行こう」などと、夏子の混乱を解くためにいろいろな提案を出してくれた。しかしそれにもかかわらず思い詰めていた夏子は「別れてくれ」と毎日夫を責めた。そのあと会話もないまましばらくは一緒に暮していたが、ある日、夫は出ていったまま帰らなくなった。夫のタンスを開けたときにはおどろいた。洋服が全部なく、身の回りの物も消えていた。その時初めて我にかえって、なんてことを自分はしたのだろう、私はどうしたらいいのだろう、と狂ったように夫の実家に、毎日、電話をかけた。夏子は離婚したくない、と叫んだ。出てくるのは夫の兄だった。

「あなたは離婚してくれと自分から言ったのではないですか。もう、弟を解放して下さい」

それで夏子は目が醒めた。そのとおりだった。その時はじめて夏子は、夫と別れなさいとすすめた鹿児島の寺の女住職に、電話をかけた。

「私たちは離婚しました」それは〈どうしてくれる〉という精一杯の抗議だった。電

話の向うから聞えたのは、

「そうですか」

の一言だった。しかし夏子はそれからも夫のために毎日食事を作った。もう帰ってこないことが分かっているのに、そうしなくては夫に済まない夏子の気持があった。

夏子の姿を見ていたルチアの兄はその頃高校一年であったが、

「お母さん、もう僕は一人で学校に行くから、ルチアと一緒に名瀬に帰った方がいいよ」

とやさしく言ってくれた。そこで夏子はルチアを連れて名瀬の実家に帰ることにした。

悪霊憑きから神の子へ

夏子はルチアにつきっ切りの生活なので、食事も何もかも夏子の母や妹に厄介をかけていた。

そうした状態を見かねた夏子の親戚が地元のシャーマン（ユタ）を紹介してくれた。その男ユタは全国をまわって活動していたが、ルチアの状態が悪いのでこちらから出かけるわけにもいかず忙しいそのユタに家にきて貰うことにした。その人は寝ているルチアの枕元に坐った。夏子は身を乗り出して質問した。

その男ユタはじっとルチアを見てから、

「もうりっぱな神様になっていらっしゃる」

ルチアはすぐ起きて目を皿のようにしてだまってユタを見ていた。その男が帰ると、

「今、あの人が夢に出てきて、私と一緒にきれいな川で水を飲んでいた」

ルチアはそうつぶやいた。

病院から見放され、教会からは悪霊憑きといわれてきたルチアが、ユタから神の子と呼ばれたことに夏子は意外な気がした。しかしルチアは中学三年生になってから一度も学校に行っていないような状態で、神の道に入ることは、避けたい。できれば、ふつうの子の生活を送らせたい。そのことを男ユタに告げると、延期願いをするほかないということだった。延期願いは神の道に入る時期を延ばして貰うように神に猶予を乞う願いで、奄美では昔からおこなわれてきた。

男ユタはある教派神道に属して活動していたので、そのりっぱな建物をたずねた。男ユタとその妻が黒ずくめの衣裳に着がえて出てきた。口にはマスクを掛けていた。

言われるままにルチアは前に進み出た。男ユタは祭壇にむかって、何やら口を動かしていた。そして時々、首を横にふる。マスクを掛けたままだからよく分からないが、神と話している様子だった。それが終って夏子たちの方にやってきて、

「延期願いをはじめ三十歳までとしたのですが、神さまはダメだとおっしゃった。では、せめて二十五歳までとお願いしたのですが、それもダメだと言われた。ルチアは二十歳までしか延期願いはできない、と神さまが言われました」

ルチアは十四歳だったから、神が二十歳まで許してくれたというのでまだ間がある、その間に何とかなるだろうと、ありがたくお受けすることにした。この延期願いをした理由はルチアの学業を全うさせたいということもあるが、差し迫った事情がほかにあった。それは奄美大島に住んでいるもう一人のユタをたずねたことに関わっている。

そのユタは母親と二人で市営住宅に住んでいた。夏子は自分の実家が名瀬にあるということを知られたくなかった。どこの家筋かという情報がユタの耳に入り、それに基いた判断をされることをおそれた。

「私たちは名瀬市出身ですが、今は沖縄に住んでいて、沖縄からきました」

言葉を濁して、その家の神棚の前に坐った。ユタはルチアを見ると、のっけから、

「あんたは三歳の時に、神様と握手したんだね」

と言った。夏子ははじめは、何のことかという感じだったが、ルチアが白い洋服ダンスの中から出てきた冷たい手をさわったことを思い出し、ギクリとした。では、その時現われた杖をもった白いひげのおじいさんは神様であったのか。

次にユタは言った。

「羽の生えた蜂のようなものを見たね」

これもはじめは何のことか分からなかったが、ルチアがまえに夢の中で天国に行ったとき「天使が迎えにきました。向こうには門が見えました」と告げたことを思い出した。そういえば「羽の生えた蜂のようなもの」は天使を指しているにちがいない。

またユタは、

「あんたを見たらこんな歌が聞えてくるよ」と、聖歌を歌い出したりした。キリスト教に縁のあるはずもないユタが聖歌のメロディを口ずさんでみせたのにはおどろくほかなかった。

ユタはルチアに言った。

「あんたは自分によく似ている」

それから、身の上話をはじめた。

彼女も中学生の頃から色々な現象が出てきて、頼っているユタから神の子になれといわれた。母子家庭で、母は機おりをしていたが、親方から高い利子の金を借りて、親ユタに納め、子ユタにして貰った。それで若い時から相談客に占いをしてやって暮らし、結婚もせずに今も母と一緒にいる。

そのユタはルチアをひどく気に入った。

「あんたは天《テン》ザシだよ、神から指された子だ。自分で自分を大きくしていく神の子だから、早くその道に入りなさい」

盛んにすすめるので、不安になった夏子は急いで男ユタに頼んで、延期願いをしてもらったのだった。しかし、ルチアの症状は一向によくならなかったからとうとう、ユタの強引な勧誘に負けた。ユタはサツキという名前だった。高齢なユタの母親はルチアを見て、

「サツキ、こんなに小さい子まであんたは神さまにするの、気の毒に」

と同情した。そうした中で、ユタはどんどん成巫式《せいふしき》の日取りをすすめた。その式をおこなうために、夏子は新しくユタの家の畳がえをするし、夏子の父はルチア用にと大工に頼んで大きな神棚を作らせ、白衣《しろぎん》もこしらえた。そしていよいよ明日というとき、ユタの母親が急死した。

神との結婚はルチアには実現しなかった。神棚はこわされ、白衣は焼かれた。ルチ

アはもとのふつうの少女に戻ったかのように見えた。が、そうではなかった。

その頃からルチアは夢の中で自分は巫女とか赤い袴を着ているとか口走るようになった。ベッドで寝ているルチアが、

「そなたは誰じゃ」

と言う。夏子が、

「私はルチアの母です」

と答える。こんどは夏子の方から質問する。

「あなたは誰ですか」

「私はこの子の指導霊じゃ、この子は人の上に立つものじゃ、あの世もこの世も見なきゃならない」

ルチアは眠ったまま答える。

「それでは伺いますが、あなたは何でこの子を苦しませるのですか」

それには何の答えもない。

そうした問答をルチアとくりかえすようになった。

奄美での生活も行き詰った。ルチアの状態は一向に捗々《はかばか》しくないし、それに名瀬は夏子にとって居心地のよい土地ではなかった。

その時、鹿児島の友人から電話がかかってきて、これ以上病院に入れたりすることは絶対しないように、そして今、自分の通っているお寺があって、そこにはいい先生がいるから、来たらどうか、そのつもりなら鹿児島で仕事を探してあげる、と誘いを受けた。

夏子は奄美の生活を抜け出したいと思っていたので、気持が動いた。それで夏子の妹も付き添って鹿児島へ行った。飛行機の中ではルチアが走り出さないように、夏子と妹が両側から、ルチアの腕をしっかりつかまえて、固唾をのむようにしていた。鹿児島空港に着いたときはすっかり夜になっていた。朝から何も食べていなかったので、緊張が解けて急にお腹が空いてきた。三人は空港近くのレストランで食事をしたが、一月以上も家から出たことがなかったので、久しぶりに娑婆のなつかしい空気に触れたようなたのしい気分だった。

鹿児島のその寺は大きな寺だった。檀家も多く、弟子と呼ばれる人も多いように見受けられた。まず紹介して呉れた人とルチアと夏子と妹の四人は住職に会った。その人は五十半ばの小柄な男性で、大きな福耳をもっていた。その側には四十位の女性の弟子がついていた。一月の初め頃で、鹿児島は寒かった。炭がおこっている火鉢を皆はとりかこんだ。

夏子たちの話を聞いて住職はルチアに、

「ここで、しばらく暮しなさい。よくなるよ」

とやさしく声をかけた。

翌日、夏子は何もかも放ったらかしにしてきた家を整理するために帰った。

ルチアは日課にしたがって寺での生活をはじめた。朝八時に本堂に集まって、お経を四十分位上げる。それが終ると、本堂、廊下、庭、風呂場と分担をきめ、掃除にとりかかる。その頃は、東京から十八歳の男の子が霊に取り憑かれているとのことできていたし、何かに操られているという学校の教師や、軽い症状の情緒不安定な女の子もきていた。十一時から昼食の準備をする。朝食は抜きで、昼食はお粥を主食にして、あとはおかずを何品か作る。昼食の後は、お寺の行事に合わせて、お札作りやお祭の準備やいろいろと忙しい毎日であった。

夕食を済ませると、お風呂に入り、そのあと夜の十時からは「行」がはじまる。毎日、檀家が三、四十人集まり、弟子たちと本堂で座禅を一時間組んで瞑想に入る。その後、住職の講話がある。それが十二時頃終ると部屋に帰って寝るという生活であった。ルチアは夜は本堂の裏にひとりで寝るので恐いと手紙で夏子に訴えた。しかし住職とその奥さんはとても親切でルチアをかわいがってくれた。

ひとり家で片付けものをしている夏子にルチアから電話がかかってきた。

「お母さん、今ね、お寺の皆さんから私の十五歳の誕生パーティをして貰っているの、お花も貰ったのよ」

はずんだ声だった。〈知らない人たちと仲よくしながら、ひとりで頑張っているんだな、こんな日がくるなんて思いもしなかった。ながい一年だった〉夏子は電話口で不覚の涙を流した。

ふしぎなことに、お寺で生活するようになってから、一度も霊現象がなく、ルチアはふつうの子になっていた。一月経って、家を整理してきた夏子に、住職はすすめた。

「修行するなら、親子でした方がよい」

夏子もルチア一人を寺に置くよりはと思って、お寺の近くの宿坊と呼ばれるアパートを借り、そこから毎日ルチアはお寺へ、また夏子は鹿児島で見つけた仕事場へと通う生活をはじめた。夏子の眼には中学生のルチアの、紺の作務衣に白ズボンという服装があまりにも痛々しく映ったが、戻ってきた平穏が何よりだった。

住職はルチアをかわいがり、あるとき、母親の夏子に言った。

「ルチアを養女にくれないか。そうすれば、部屋も作ってあげるし、ゆくゆくは大学にもお寺から行かせることもできる。妻も賛成だ」

夏子は、

「ここまで必死にやってきました。お世話になっていて悪いのですが、とても今さらそんなことはできません」

と断わった。その側にはいつもの女性がついていた。翌日、その女性は夏子の眼を見すえた。

「どうするの、養女にするの、あれは住職が試しているのよ、あなたの心を。断わって当り前よ」

〈住職と奥さんはそんな人たちではないはずだ。だが、試しているとすれば何だろう。ルチアに対する私の愛情をか。それとも私の経済状態が知りたくてやったのか。これじゃ、ルチアがお寺の人たちに何をされているか、推察がつく〉

夏子の不安は適中した。

旅行に出た住職の留守は副住職が取りしきっていて、いつものごとく本堂での座禅や講話もおこなわれた。そのあと、夜の十一時すぎであったが、副住職はルチアだけを本堂に残して、夏子にはさきに帰ってくれと言った。夏子は仕方なくアパートでルチアを待つことにしたが、彼女が帰ってきたのは午前一時頃で、ひどく疲れた様子だった。

「どうだったの」

顔色をうかがうと、

「檀家の一人に交通事故で亡くなった女の人が憑いていたので、とってきた」

と言う。

「そうだったの」

短かい会話を交わして夏子たちは寝た。

しかし夜中に気がつくと、傍のルチアは身体が震え、目は虚ろに見開いたまま放心状態に陥っていた。夏子はルチアを抱き締め、一睡もできないで朝を迎えた。それが三日間、夜となく昼となくつづいた。

副住職はお寺に相談にやってきた檀家のためにルチアにユタまがいのことをやらせた。ルチアは交通事故で死んだ女の霊が檀家についていたので、それをとろうとしたが、充分に力がないために、その霊に逆にとりつかれてしまった。それにしてもひどいことをさせるものだ。これ以上この寺にいたら、ルチアはつぶされると思い、夏子はルチアを連れて、だまって寺を出た。六月の梅雨に山門の傍の紫陽花が濡れている朝だった。

夏子たちはお寺の近くのアパートを引き払って、郊外に移った。桜島が真正面に見える見晴しのよい高台のマンションはルチアの気に入った。もう誰にも頼れない。頼れるものは自分たちしかない、と思って、心細かった。しかし元気な日はそれなりに楽しかった。そこには自由があった。

普通の少女

ルチアは十七歳になっていた。中学二年生から学校へ行っていないので、やっと勉強が落ち着いてできそうだといって、大学入学資格検定試験を受けるために、専門の塾に通った。また県立高校の通信コースもとるようになった。ふつうの少女のように友人もできて、楽しい生活を送るようになっていたが、どうしたわけか、テストの日とか登校日になると、時々、朝ベッドから起きられなくなったりした。

大検の十一科目の単位も七科目とってあとわずかという十八歳の五月のある日のこと、友人と出かけたその日に、ルチアは急に鹿児島へきてから後の記憶が無くなって、友人に付き添われて帰ってきた。夏子はおどろいて、何をおぼえているかと聞くと、沖縄で生活している時しか記憶がない。その後の三年間のことがすっかり消えてしまっていた。

家族のことはおぼえているが、他の人びとはおぼえていなかった。連れて帰ってくれた友人も見知らない人になっていた。学校で習ったことも分からない。夏子は、

「いろいろなことがあったから、しばらく家でゆっくりしなさい」

というのが精一杯だった。そのうち、

「新聞の字が読めない。でも英語は読めるのよ」

と言い出した。

記憶もない。日本語も読めない。どうなるのだろうと思っていたら、つぎに目が見えない、耳が聞えない、声が出ない、ということが交互にくるようになり、朝は起きられるようになったけれども、今日は耳が聞えず、口が利けない。また声が出るようになったら、目が見えない、ということがつづいた。

そうしたとき、ある人の紹介で、精神分析のできる医師がいる精神病院へ行って見た。

医師は一連の話を聞いてから言った。

「お母さん、こういう人の治療法はないですよ。自分の好きなことをさせることです。それが一番の治癒の近道です。これまでのように連れて歩いたらいけない。好きなようにさせなさい。ルチアさん、こう自分に言いなさい。〈ルチアさん、ルチアさん、

私は何がしたいのですか〉といつも自分に聞いて行動しなさいね」

薬も与えず、通院もルチアさん次第ですということで、それっきりであった。そうか、この子の好きなようにさせたらよいのか、いつもハラハラしていたのに、これから一人で悩まなくてもいいのだ。こういう先生がいるのだ、と安堵の思いが、自分に戻った。そのあと、ルチアはまだ見知らぬ宮古島にいきたい、と言い出したのだった。

語り終えて

根間《にいまず》カナは夏子のながい話を聞いたあと、ルチアが奄美のユタの指導の下に神の子となろうとしたのは、神との婚約であったから、いったんそれを解消してくるように、と言った。奄美ではユタになる者は成巫式の前に泉や川の水をかならず浴びる儀式をする。これをシロミズアミという。夏子とルチアは奄美にかえり、水を浴びた川に行って、お供物をし、線香を供え、神に詫びて、かつての婚約を取消した。

それから一月経って、また宮古島をたずねた。そのときは夏子の母も連れていった。宮古島通いをなんどかして一年経った一九九六年の八月末のことだった。その朝ルチアは家の手伝いをしていたが、急に、

「腰が痛い」

と言い出して、

「ハッ、ハッ、ハッ」

息遣いが荒くなって腰を押さえてしゃがみこんだ。

「ルチア、どうしたの」

夏子が聞いた。すると、

「水の神」

とひと言答えた。

ルチアの意識が朦朧としてきたので、

「ルチア、宮古島へ行こうね」

夏子がいうと、しっかりしてきた。ルチアが朝方に見た夢というのは、丸い輝いたものがポンと口に入ると、お腹が大きくなってきた。すると、人がまわりに大勢集ってきて、その中にまじった老婆が、もう生まれるのね、と言った。私は独身なのに、子どもが生まれるなんていや、と思っていたら目が醒めたという。

奄美では七歳の少女が日光に感精して子どもを生み、その子どもがユタの先祖になるという話がある。同じことがルチアの身の上に起ったのである。それで直ぐ宮古島に行くことにした。ルチアはまるで妊婦のように腹をつき出し、飛行機の中でも苦しそうな格好をしていた。その頃から自分とルチアには宮古島しかないという思いが夏子の心を占めるようになっていった。

宮古島には一月置きに訪れるようになった。

根間カナのもとには色々な人たちが相談にやってきていた。東京からきた女子大生は、根間先生に会えば自分が分かるような気がしたのではるばるきたと話をしていた。ある日、ルチア親子が根間カナの家に着いたとき、数人の先客がいた。一人は大阪からきて宮古島に住みついている三十歳ぐらいの井田常子と名のる女で、近所に住む藤山英子と一緒だった。

「誰でもよいから自由に話してごらん、誰に神が乗るか分からないから」

カナが誰彼となく促していると、ルチアが突然、前かがみになった。夏子が助け起そうとしても、

「身体が動かない」

と言う。

「あらあら」

カナがルチアの背中を擦っていると、そこに居合わせた井田常子に神が乗り移り、

泣きながら叫んだ。

「お母さん！」

するとと、ルチアの身体が元に戻って、

「探してました。探してました」

と言うなりカナに抱きつき、ワーッと泣いた。

「これまでつらかったね。いろいろなことがあったから。もう大丈夫よ。ルチアは私の子どもだよ」

カナはルチアを強く抱き締めた。神が誰に乗るか分からないとカナが言ったように神は女性の依頼客に乗った。井田常子がやっと会えた母子という思いで「お母さん」と叫んだのは、カナに対するルチアの思いを代弁したのだった。

ルチアは根間カナの家にはじめて行ったときから気が付いたことがあった。それはカナの部屋に置かれた白いタンスのことであった。カナの話では、神の道を開けるとき、新しく神棚を作るよりもタンスのほうが安いので、貧乏なカナは白いタンスを買ってきて、開き扉をはずして神棚に作りかえたものであるという。その傍には杖をもった白いあごひげの老人の絵が掲げてあった。神の道を開けてすぐ、カナの夢の中に現われた老人の顔を、それを忘れないうちにと夜中に飛び起きて一気に描いたものという。

ルチアが三歳のときに、白いタンスから手が出てきて触れた、あの老人の姿が根間カナの神棚に納まって飾られていることに気が付いたのだ。これはふしぎな事としかいいようがない。

十三歳から始まったルチアの親神探しの旅は終った。

双子の叫び

その日、藤山英子が井田常子と連れ立ってカナの家を訪れたのは、藤山英子の夫の幹夫が脳腫瘍をながく患っていて、そのための神願いをするためであった。井田常子の場合は宮古を訪れるダイバーたち相手の仕事をしている夫の商売がうまくゆかず、職業を替えた方がよいかどうかの相談であった。

南風野夏子とルチアは傍で、カナと依頼客のやりとりを聞いていて、話の内容がほぼ分かった。

カナの託宣では、英子の夫の幹夫は脳腫瘍の手術を那覇の病院で受けることになっているが、その手術の成功はあやぶまれるものがある、というものであった。それは幹夫の出生時に何かブソーズ（不浄）があったにちがいなく、それを取除く必要があるが、四十数年まえの当時のことを知っているのは、幹夫の母しかいないから、こんどは母も一緒に連れてくるようにとカナは指示した。それで、藤山英子は幹夫の母を伴ってきたが、母はそのようなことは一切なかったと言った。しかしカナにして見れば、ブソーズがあったことはまぎれもないので、神願いの日までそのことを思い出してくれと言った。幹夫の母は承諾してかえったが、神願いの日になっても、ブソーズは一切なかったと言いはった。

カナは、幹夫の母の実家まで出かけていき、神願いのために祭壇に線香を立てようとしても、烈しい睡魔におそわれて、眼が開かず、線香の本数すらかぞえることができない。そうした体験はこれまで一度も味わったことがなかったので、カナは幹夫の母にむかって、「あんたは隠している。ブソーズのあったことは分かっているのに、あんたが抑えているから、私はこのようにどうしようもなく、居眠りをしているのだ」と言った。

幹夫の母はそこではじめて告白して、幹夫は双子として生まれてきたが、その片割れは間もなく病死したのに、母親は双子が生まれたのは恥しいと言って、その病死を誰にも洩らさず、どこかに埋めた。カナが追求すると、最初、長女を生んだときも双子だったので、早死した一方を、葬式もせずにそのまま葬ったと言った。

これでは生者はアガルイ（東方）のこの世のテダ（太陽）を拝む。死者はニッジャ（冥界）のテダを拝むことになるではないか、とカナは詰《なじ》った。

そのうち、もう一つの問題が加わった。幹夫のつとめている精糖工場に、アルバイトにやってきた少年がいた。一定の時間電源を切って、少年に機械の掃除をさせていたが、それが終った頃、もう一人の者が機械の隅にたまった甘蔗のカスを取除くように命じた。そのことを知らない幹夫は、作業がもう終ったと思いこんで、電源を入れた。少年はたちまち機械のベルトに巻きこまれて死んだ。幹夫は自分の失態に気付き、狂ったように機械に飛び込もうとしたが、皆から抱きとめられた。そのときのショックと死んだ子供に対する罪責感が幹夫を苦しめつづけた。そのことが幹夫を脳腫瘍の難病に追いこんだ原因の一つでもあった、とカナは説明した。

そこで幹夫の妻の英子はカナにむかって、死んだ少年の霊魂を機械から外す神願いを依頼した。しかし少年の両親は「エホバ教」を信じているので、その願いに加わらない。そこで亡くなった少年の霊魂が帰っていく家がなく、工場から出られない。ということで、カナの儀式も困難をきわめた。

一方、人知れず埋められた双子の霊も物を言い、〈僕も一緒に遊びたかった〉と訴える。この嫉妬の霊をなぐさめるのも大変だった。双子の片割れの霊を鎮めないと、工場で死んだ少年の霊が納まらない。ということで、幹夫の実家の墓の傍に、長女の片割れの墓と、幹夫の片割れの墓を二基作ることにした上で、工場で死んだ少年の霊を鎮めることにした。

その頃、根間カナはおそろしい夢を見た。カナと藤山英子と井田常子と三人で山中を歩いていた。はじめは快い散歩のような案配だったが、ふとカナが後をふりむくと、三本の旗がポツポツ歩いてくる。よく見ると、それは葬列のときに、長い竿の先に細長い布地をつけ文字を書いた旗で、参列した者が手にもって歩くものだ。不吉なあの世の葬旗だ。カナはおどろいて、常子と英子を促がし、走り出した。カナたちが足をはやめると、三本の旗も飛ぶように近づいてくる。その旗につかまったが最後、自分たちは生きてかえられない。無我夢中で逃げているうちに、まもなく墓の入口が見え、そのまわりに塀をめぐらしている場所にきた。旗はすぐ後ろに迫った。カナたちは身をちぢめてしゃがみこんだ。その途端身体ごしに、旗は塀によりかかるようにして三本とも倒れ、カナたちの身体にはまったく触れることはなかった。カナたち三人は危いところで命拾いをした。その夢を見たことで、カナは藤山英子にむかって、彼女の夫の幹夫の命は大丈夫だと保障した。

神の森

祖母の霊

秋子の祖母が伊良部島《いらぶじま》の佐良浜《さらはま》で亡くなった。そこで葬式をおこない、火葬をすまして一族の墓にいき納骨に立ち会うと、その足で秋子は姉の鈴代と一緒に池間島《いけまじま》の実家に帰った。鈴代は子供を連れていた。

鈴代はずっと体調が悪かったので、子供を寝かしつけながら、自分も寝床に入っていた。秋子が隣りの部屋から、悪寒がするので布団をかけてちょうだい、と言う。鈴代が行ってみると、秋子はガタガタ震え、真蒼になっている。

「今日がお別れだね」

という声が聞えたという。秋子は祖母の霊がこの部屋にきていることを知った。トイレに駆けこんで、吐いた。

鈴代は秋子のことが心配だったが、その日は何とも気分が悪く、布団に入ったまま、動けない状態であった。もう眠るしかない、とぼーっとしていた。

夜十時頃、何だか鈴代自身がおかしくなった。霊が乗ったことが分かったので、叫び声をあげた。鈴代は秋子と違って、神に憑かれた体験はまったくなかった。

かたわらの鈴代の子供が何かにおびえてワーッと泣いた。

「秋子、秋子、おかしい、秋子、秋子、わたしはおかしくなっているよ。どうにかして」

鈴代が自分の気持を訴えたのはそこまで。それから先は、

「ネエネエ（姉々）」

という言葉に変った。祖母は自分の孫娘の中で最年長の鈴代を、親しみをこめてふだん「ネエネエ」と呼んでいた。

それで鈴代は自分が祖母の言葉を発しているのが分かった。最初、

「イターイ」

と言った。祖母は直腸ガンで死んだが、その時の状態のように、鈴代は自分の手が痺れ、身体が硬くなってきたことが分かる。

秋子は鈴代のかたわらによって、

「大丈夫よ、大丈夫よ」

と言いながら、あちこち身体を触った。姉の足が硬くなっている。鈴代は硬直がだんだん上にあがってくるらしく、

「お腹にこないうちに、助けてちょうだい」

と叫んだり、

「もうお腹にきているからダメよ、祖母《オバア》はいくよ、いくからね」

と叫んだりしているが、その声色も言い方も祖母にそっくりである。

佐良浜の祖母の家には、鈴代や秋子の両親をはじめ、まだ大勢の親戚縁者が残っていた。

秋子はこの状態をはやく鈴代の夫に知らせなくてはならない、と電話をかけた。

「オバアが姉を連れていく」

と、秋子は泣きながら訴えた。

鈴代は受話器のコードを寝床のところまで引っぱってきてくれと頼み、佐和子を呼

び出した。佐良浜の祖母の長女は鈴代、秋子姉妹の母のトキであったが、トキは池間島の赤木家の昇に嫁ぎ、次女も家を出たので、三番目の娘の佐和子が婿をとって後を継いでいる。

佐和子が電話口に出て、

「オバア、オバア」

と叫んだ。

「サーチャン（佐和子の愛称）ありがとう。私はひとり寝ていて心細いから、用事もないのに、サーチャンを何度も何度も呼んだね。あんたはいつもいやがらずやってきて、あっちを揉んだり、こっちを揉んだりしてくれたね」

「オバア、自分はきつくなかったよ」

鈴代は今、佐和子の母になり切って、叔母の佐和子と対話している。

つぎに、日頃は那覇に住んでいて、葬式のために佐良浜の家に泊っている自分の長男を呼び出した。

「あんたはどうしてオバアを抱っこしてくれなかったの」

祖母は息子が自分の遺骨を抱かなかったと恨みを述べている。鈴代はその事実を知っていないで、口にしている。

「線香をもう一度立てなさい」

「わたしは牛乳が飲みたい」

「ストローも添えて」

と立てつづけに云いつける。秋子が鈴代に代わって電話口に出て、

「仏壇にはやく線香と牛乳を供えてあげて下さい」

と言う。

祖母はストローで牛乳を飲むくせがあった。ところが鈴代も半年前からストローを使いはじめ、家の中にも、自分の車の中にもストローを備えつけ、ストローなしでは何も飲めなくなっていた。

秋子は、

「姉さんは、知らないうちにオバアになっていたんだ」

と叫び泣いた。そのうち、

「悟にかわりなさい」

と佐和子の長男を呼び出した。

「悟、仏壇を表に出しなさい」

困惑している悟にむかって、つぎつぎに意味の判らぬことを云いつけはじめた。

今度は佐和子が怒り出した。

「オバアは死んでから、何で邪魔するの。悟は大事な孫でしょう。はやくいきなさい」

と生者と別れを告げることをせき立てる。

「そうじゃないよ、邪魔はしないよ。ありがとうもいいたいし、オバアもサーチャンを一番気に入っていたんだから。害を与えることなんかないよ」

「オバア、分かったよ。自分はこれから仏壇に手を合わせてくる」

鈴代のかたわらで秋子は一心に池間や佐良浜の神々の名を挙げて祈った。そのうちに、鈴代に乗り移った祖母の霊は、

「あっちが痛い、こっちが痛い」

とぶつくさ言いながら、しだいにおとなしくなった。

秋子が気が付くと、鈴代は受話器を放り出したまま、脱け殻のように寝床に横たわっていた。

思い返してみると、祖母を火葬に付したあと、一族そろって、先祖代々の墓に遺骨を納めにいったとき、白い衣を着た祖母が墓の上で手を振っているのを秋子は見た。日頃祖母にかわいがられていた鈴代は、墓にいって、祖母の霊につかまってしまったのだ、と秋子は思った。

翌日、伊良部島から迎えにきた夫に連れられて、鈴代は何事もなかったように、那覇の自宅に帰っていった。

池間の根

一九七一年、干魃に見舞われた宮古島のあちこちをカナはほっつき歩く。「狂え、狂え、どんどん狂って国の根から掘り起こせ、先祖の根から掘り起こせ」とけしかける声を聞きながら、ほっつき歩いた。

カナが歩いた道を、二十年後に秋子もそれとは知らず歩きはじめていた。

「宮古があぶない。池間島がほろびる。歩きなさい。埋もれた井戸や廃れた御嶽《ウタキ》を探して池間の根を掘り起こしなさい」

秋子がその声を聞いたのは、夢に現われたボロボロの乞食のような白ひげの老人からであった。その声は低かったが、秋子を縛った。昼間に聞えるときもあった。糸満市の自宅で食事の支度をしている最中にその声を聞くと、秋子は洗いかけていた茶碗をそのままに、夫に置き手紙をして、那覇空港にいそぎ、宮古行きの飛行機に乗った。

神は秋子にアズの井戸《カー》を探せと夢で知らせてくる。それだけでなく、アズのカーの光景も夢の中に現われる。アズのカーは按司《あず》の時代の井戸《カー》ということで、池間島にはじめて村建てした人の使った井戸である。神は鳥の飛ぶあとをつけていくように命じている。秋子は時折空を見あげながら、鳥影を追ってアダンの林をナタで切り開いて進む。大きな蜂の巣に出会うことがしばしばで、それをこわごわ避《よ》け、長い時間をかけて辿りついたところに、半ば泥に埋まっているが、たしかに井戸の枠があり、神が夢で知らせたのと寸分ちがわない光景が展開していた。秋子はまぎれもなく、そこをアズのカーと見定め、線香を焚いて祈った。

帰途につくと、とたんに道に迷ってしまった。秋子は衣服を銀合歓《ぎんねむ》のトゲに引き裂かれ、ガジュマルの根に足をとられ、まったく方向を見失った。動転したが、気をとり直し、アダンの大木の梢によじのぼって空を見あげると、鳥が飛んできて秋子の登っている木の枝にとまり、飛び去っていった。その方角を見ると、島の北端の灯台の西に、太陽の沈む空があった。こんどは茜空を眺めながら進んでいくと、切り立った崖の上に出た。崖の下の波打際に潮が満ちはじめている。陸上に道がないのだから、そこを通るほかはない。秋子はおそるおそる崖を降り、波打際に迫ってくる満ち潮とたたかいながら、やっと家に戻った。

秋子は神の命ずるままに、糸満市の自宅と池間島の実家との間をひんぱんに往復して、埋もれた井戸や廃れた御嶽《ウタキ》を探すことに専念した。あるときは牛の死骸を投げこんだままの井戸を見付け、赤木の家族総出で、それを引き揚げ、井戸を清めたこともあった。

神の云いつけに従ったにもかかわらず、神が秋子に満足したわけでないことを思い知らされることがたびたびあった。

池間島に長く滞在して、さて糸満市の自宅に帰ろうと、実家の玄関先で荷物をまとめていると、とつぜん背中に杭を打たれるような烈しい痛みをおぼえることがあった。秋子は思わず荷物を落とし、かがみこんでしまったが、息がとまるような痛みをこらえて立ち上がると、家族が心配そうに見守る中を、ともかく宮古空港までいってみようと、車にのった。池間大橋をわたり、平良《ひらら》市街地を抜けて空港に着く頃は、痛みは辛抱できない位までになってくる。それでやむを得ず出発を見合わせ、引き返すと、車が実家に帰りつく頃は、痛みはウソのように消えている。前もって夫に電話して、那覇空港に出迎えにきてもらうことにしていたが、今更どうしようもない。

そうしたことが繰り返し起って、そのつど出発をキャンセルする。切符をムダにすることもしばしばだった。

神は自分の欲するままに人間の行動に変更を加え得ることを思い知らせようとしているのだろうか。秋子は背中に杭を打たれるような烈しい痛みに耐えながら、自分が神に囚われている意識を深くしていった。

カナとの出会い

秋子の父の赤木昇は、十代の頃からの船乗りで、トキと結婚した後も、東シナ海で鯖釣り船に乗っていたことがある。そのあと、池間港から平良港へ通う定期船の船長を長くしていた。一九九一年に宮古本島と池間島をつなぐ池間大橋がかかると、昇は船を降りて、不安な日々を送ることになった。これからどんな方向に進めばよいか迷っているとき、知人のすすめで、カンカカリヤの根間《にいまず》カナに相談に出かけた。カナは昇の話を聞くと、

「今は船から降りてはいるけれど、陸の仕事はあなたに向いていないから、いずれ最終的に、あなたは船に戻って海の仕事をすることになる。それが見付かるまで、しばらくは、陸の方でもいいではないか」

と言った。

昇はその頃、平良市にある精神科の病院に運転手としてつとめていたので、医師から精神病患者の話を聞くことがあり、自分の妻や娘に起っている症状が心配になっていた矢先であった。

昇の話によると、秋子は幼いときから病弱だった。年を追うごとに不眠、頭痛、吐気などに悩む日々が多くなった。平良市の高校へは、定期船で池間港から狩俣《かりまた》の浜にわたり、そこからバスに乗って通学する毎日だったが、気分が悪くなることがしばしばで、平良市に間借りして、高校をやっと卒業した。そのあと結婚して糸満市に家庭をかまえた。

秋子は十二歳頃から幻覚を見るようになり、結婚した後も、夕方仕事から帰った夫に、

「あなたが働いている建築の現場で今日トラックの車輪が外れたでしょう」

とか、

「夕方近く、赤い服の女の子がやってきたでしょう」

とさり気なく言うが、それがことごとく当っているのに夫はおどろいた。しかし相変らず秋子の心身の異和感は衰えず、不安にさいなまれるので、沖縄本島をまわってそこかしこのユタに訴えたが、どのユタもおざなりの態度で、深く取り合ってくれず、

秋子は失望した。

カナは昇の妻や娘を連れてくるように言った。

その数日後、秋子はカナの家の居間に入るなり、床の間に飾ってあったガラスケースの中の陣太鼓を見付けて、

「ああ、ここにあった」

と大声を出した。陣太鼓は埼玉で働いているカナの次男が、家を新しく建てたときの祝いに送ってきたものだった。

秋子は、前に神から夢で、

「陣太鼓を探しなさい」

と告げられた。それを「陣太鼓を買いなさい」ということだと勘ちがいして、沖縄中の玩具店をさがしまわったが、どの店にも見付からなかった。それがカナの家に無造作に置いてあった。

〈この人の家に早くいきなさいという神の知らせだったのだ。その目じるしが陣太鼓だった。この家にははやく来るべきだった〉

カナはトキにむかって、

「今は娘さんより奥さんの方が大変」

と言った。トキは、

「根間さん、私はオカシクなるかも知れない。いつもそう思っているよ」

と答えた。トキの話では、子どもが生まれてから、不眠や食欲不振につきまとわれ、脳腫瘍かと心配するほど、頭はガンガン鳴り、幻覚になやまされた。どの医者に診て貰っても原因は分からない。

　カナは言った。

「今の状態では、奥さん、あんたは精神科にいくかも知れない。とにかく体調が変だよ。しかし、ナナムイの神があんたを選んで池間島に嫁に来させているのだから、ナナムイの神はあんたの手にかかるよ。あんたは絶対にナナムイをやらんといけない状態になってくる。早くしなければいけない。あんたの身体が危ない」

　宮古ではウパルズ御嶽のことをナナムイと呼んでいる。七つの森という意味であり、七は美称である。ウパルズ御嶽は池間島でもっとも森の多いところだから、そう呼ばれた。そのナナムイの神はトキの手で祀られる運命にある、早くそれが実現するように、心の準備をしなければならない、今のままでは気が狂《ふ》れるかも知れない、とカナは警告を発する。

　トキは伊良部島佐良浜の当原家から池間島に嫁にきているが、当原家の先祖はもと新浜《さらはま》もと池間島の出である。十八世紀の初頭、池間島の分村が伊良部島に建てられ、新浜という意味で佐良浜と命名された。当原家の先祖もそのとき移住したのである。したがってトキにとっても池間島は故郷であり、ナナムイの神は自分を祀らせるためにトキを故郷に呼びかえしたとカナは言うのである。カナの言葉はトキの心に刻みつけられた。

トキと秋子は根間カナの家を辞したあと、その足で佐良浜に渡って、あちこちの御嶽をまわった。百段あまりもある急な石段を降りて、波打ぎわのサバ井戸や、池間島のウパルズ神の分霊を祀っている御嶽を拝んだ。

そのあくる夜のことであった。

池間島の実家で秋子はトキと枕を並べて寝ていた。ふと眼をさましたトキが見ると、傍の秋子が起きて坐っている。

「どうしたの、これからどこにいくの」

と、トキが聞いたが、秋子は耳に入らない様子で、前方の一点を見据えていた。そのうち身体を小刻みにふるわせ、神が乗ってきた。

おもむろに開いた秋子の口からは、事もあろうに、ウパルズの神を叱る言葉が流れ出した。

「ナナムイのウパルズの神さま。私は十二歳のときから今日まで、夜は眠られず、食は喉を通らず、物は歪んで見え、道を真直ぐに歩くことができないほどであった。気分のすぐれた日は数えるほどしかなく、いっそ死んだ方がましと思う毎日だった。ナナムイのウパルズの神さま。あなたはこんなキツイ思いをさせておいて、死ぬのはダメだと言いながら、二十年もの間、私の言うことを聞こうともしないではないか。今まで私はあなたの言いつけ通り、やることはやってきた。家庭をかえりみず、池間中の井戸や御嶽を探し歩いた。それなのに、何の応答もない。私の願いを今度こそ聞いてほしい。ウパルズの神さま。私はもう待てない」

語気荒く、秋子はウパルズ神と刺し違えようとしている。それは神に対する人間の遠慮の一線を踏み越えた、秋子が、はじめてカンカカリヤとして誕生する瞬間にちがいなかった。

果して秋子のもとには翌日から近所の人たちが神願いの依頼に訪れた。糸満市の自宅に帰っても、大勢の人たちが身の上相談や願いにやってきた。秋子はていねいに応対しているうちに、疲れ切ってしまった。

神に乗り移られて御声《ウクィ》（託宣）をしたあと、全く生気を吸われたように衰えることは、熟達したカンカカリヤも体験することである。それに馴れていない秋子の心身は神がかりのあと一向に回復せず、見る影もなく痩せ細ってしまった。こうしたときは誰に頼ることもできない。秋子は根間カナに救いを求めた。カナに乗った神の強い力によって回復するよりほか方法がない。

カナは秋子の願いを容れて糸満市に出かけることになった。宮古空港の待合室から飛行機に乗りこもうとすると、ボーディング・ブリッヂの手前の右手に自分が立っている。

「アレ、あんたは何でここにいるわけ」

とカナは自分に声をかけた。

「一体どうしたの」

〈そこに自分の幽体が立っているということは、この飛行機が危いからいくな、ということだろう〉カナは心配になってきて、やめにしようと思うのだけれども、いかないと、秋子が危い、どうしよう、と迷ったあげく、一か八か飛行機に乗ろうと覚悟をきめた。が、幽体はそのまま立っている。

「どうしたんですか。どうして私の中に入ってくれないんですか」

と、念ずるけれども、立ったままである。

飛行機に乗り込むと、定刻に滑走路を走り出したが、案の定、ギーッととまってしまった。

「エンジンの故障です。しばらくお待ち下さい」

と機内放送があって、しばらくすると、

「大丈夫になりました。飛びます」

とアナウンスがあり、滑走路を走り出したが、またとまってしまった。

カナは、

「飛ばないで。飛んだら危い」

と思っていたら、

「お降り下さい」

ということになった。

「直すのに時間がかかりますので、ロビーでお待ち下さい」

と放送があった。カナは戻ると、ボーディング・ブリッヂの入口の右側に、相変らず幽体が立っている。

「お願い。入ってちょうだい。お願い」

とカナは頼むが、幽体はそのまま立っている。

〈いや、どうなるんだ〉

とカナは思った。そのうち、

「故障が直りました。乗って下さい」

というので、機内に乗りこむと、また飛ばない。この飛行機は絶対あぶない。しかし自分がいかないと、秋子はダメになる恐れがある。カナの心は乱れた。

そこへ、臨時便が飛ぶことになったという報せがあり、乗客はそれに移ることになった。カナがボーディング・ブリッヂのところまでくると、そこに立っていた幽体は、すーっとカナに入ってきた。

カナが幽体と離れていたときは、身体がとても軽かった。自分が若くなったような気がした。それが入ってきたら、カナの身体はいつもの自分にかえった。

先祖の遺骨さがし

赤木昇は、病院の運転手をやめて、平良市張水《はりみず》港と伊良部島佐良浜との間を通う貨客船の船長になった。海の仕事ができるようになったとよろこんでいたのも束の間、昇は思いがけなく事故を起してしまった。そのとき船の前方の海面に黒い漂流物が浮んで見えた。海藻の塊が黒い油をかぶっているにすぎなかったが、どうしてか死体が浮んでいるように惑乱した。それを避けようとして、むこうからきたハシケと接触してしまったのだ。さいわい軽い事故で済んだが、以前、船に乗っていたときは、無事故だっただけに、昇は考えこんでしまった。

昇はそのとき、ふと自分とひとまわりちがう弟の宏が、二歳のとき、誤って海に落ち、溺死した日のことを思い出した。昇が母親のイクヨと駆けつけたとき、宏はすでに父親の手で浜に引きあげられ、その小さな身体は薦《こも》に巻かれて砂の上に置かれていた。まわりを蟹がはいまわっていたことを昇はおぼえている。家族や親戚や近所の者たちが集まってきた。女たちは泣きながら、夕暮れの浜で、歌のようなフシをつけてシノビゴト（挽歌）を唱えた。

日頃宏をかわいがっていた老婆が涙を流して語りかけた。

「宏、おまえはどうして、ふつうの人の死に方もできないで、そんな死に方をしたのか。おまえは海に死ぬと運命づけられて、生まれてきたのか。お前の死体が上がらなければどんなになったか。海の底に沈んで、幾日もしないうちに、フカに食われてしまっただろうよ。こんな死に方をして、悔しいことだ」

老婆の言葉は、死者を悼むというよりは、死者への呪詛であった。

池間島では七歳以下の子供が死んだときは、一族の墓に入れてもらえない時代があった。生き返らないように、死体は包丁で十文字に刻まれ、アクマバカと呼ばれる洞窟墓に投げ入れられた。

水死者を発見したり、水死者の死体を抱きあげた人は、悪魔払いとして、「龍宮《リユウキユウ》願い」をしなければならない。その際、豚一匹殺して龍神にささげ、参会者にも豚肉を振舞うことになっているが、そのための費用がない場合は、遺言して、孫の代になってもしなければならない、と言われている。

昇の父親のウシオは貧しい漁師稼業であったから、龍宮願いをする余裕があったとも思われない。もしその願いをしなかったとすれば、そのタタリが今度の昇の事故につながっているのではないか。

昇はそう思うと自分の手で龍宮願いをしようと決心し、根間カナの弟で、やはり平良市でカンカカリヤをしている鷹彦を訪ねることにした。

神前に坐った鷹彦に神が乗り、ハンダン（神判）が彼の口から出た。

〈先祖の供養がきちんとやられていないために、さまざまなタタリが赤木家の一族の上に起こっている。秋子が小さい時から今日まで、またトキが子供を生んだ頃からずっと心身の不調になやまされてきたのも、今回の昇の事故も、赤木家の先祖のさわりだと神は言っている。龍宮願いを怠ったからだけの話ではない〉

鷹彦のハンダンに思いあたる節もすくなくなかった。昇が知っている晩年の父ウシオは、妻のイクヨを四十歳足らずで死なせたことを大変悔んでいた。それだけでなく、イクヨの弟たちがみんな若死をしていて、それも行方不明とか不慮の災難に遭うとかして、尋常な死に方をしていないのは、赤木家の先祖が、子孫をきちんと守ってくれなかったからだと腹を立てて、仏壇に供えてあった先祖の位牌をことごとく庭先に投げ捨ててしまった。

ウシオは佐良浜から婿養子にきているので、赤木家の先祖にさして愛着がなかった、ということもある。

大正八年、宮古中にコレラが大流行したとき、池間島は外部との交通を一切遮断し、それで一人の患者も出さなかった。

しかしウシオの妻イクヨの父親タカオは、たまたま佐良浜に出かけていて、そこで罹病して死んだ。遺骸は池間島に帰ることもできず、伊良部島に葬られていた。

池間島では、怪我による死人のほか、水死人、他村での死者、若死した者などをひっくるめてキガズン（怪我死）と呼んで忌みきらい、キガズンを墓にもっていくと先祖に叱られるといって、洗骨をすませるまでは海岸の洞穴などに、葬っておく習慣があった。

キガズンが多く出て、四散した赤木家の先祖の遺骨を一つ墓にまとめ、供養をキチンとしないと、昇の家族はいつまでもタタリを蒙ることになる、と鷹彦は言った。

そこで昇は鷹彦に頼んで先祖の遺骨さがしをはじめた。それには昇と妻のトキも同行した。

池間島には、青籠《あおぐむい》と呼ばれている潮のさしてくる入江がある。鷹彦は膝までズボンの裾をまくりあげ、湿原をよぎって、赤褐色の実の生《な》っているアダンの茂みをかき分け、岩壁の隙間から一塊の骨を引き出した。それが宏の骨と分かるはずもないが、潮水でていねいに洗い、持参した新しい骨壺に納めた。

昇の母のイクヨの弟たちには、戸籍には行方不明となっているが、海で死んだと思われるものが二人いた。一人は三十一歳、一人は十五歳と記されている。同じ船に乗って遭難したものにちがいない。鷹彦は波に洗われている石を浜から四十九個拾ってきて、遺骨のかわりに骨壺に入れた。

佐良浜でコレラに罹って死んだ祖父タカオは、当時を知る古老の話で、島の中央に葬られていることが分かった。言われた通りの場所にいくと、ヒンヤリとするような大きな岩かげに密封した墓があった。鷹彦は神に詫びを入れて、墓から遺骨を引き出した。池間島の伝統的な考えでは、コレラのように不可抗力の伝染病でも、罹病者の不始末と見なされているのである。

　昇の母イクヨと祖母メガの遺骨は、赤木家代々の古墓に納められていたが、骨壺はフタがとれていた。かたわらに口の欠けた水甕や味噌甕が置かれていた。その骨壺を取り出すとき、墓のかたわらに、目の光るものが現われた。次に犬が現われて消えた。骨壺から遺骨を取り出し、泡盛で洗い清め、きれいに拭いた。その様子を、ほかの霊たちは、うらやましげに見ているのが鷹彦には分かった。しかし鷹彦に近づくわけにはいかないと思っているようだった。

　先祖の位牌を庭先に投げ捨てたウシオは、自分だけの墓を作って、そこに納まっていた。

　鷹彦は赤木家の家族と共に、三日間、古い骨壺をさがし、骨の一本一本にいたるまで洗い清めた。それには昇やトキも手伝った。骨壺のないものは新しく作った。

　作業は日没すぎまでつづけられた。死霊のなせるわざか、鷹彦の肌は荒れ、鳥肌が立ち、赤い斑点が出た。

　うち捨てられた墓から遺骨をとり出すとき、青く深い海の底のような世界から魂をひきあげるように、アリガトウ、迷惑をかけてゴメンナサイという死者の声が聞え、鷹彦も感じ入り、抱き合って、お互いに泣かんばかりであった。

ユークイの神

赤木の一族には、海で死んだ者が三名も出ているので、その供養は海でおこなうのがふさわしい、それには筆岩が適当である、と鷹彦は提案した。

筆岩の近くの八重干瀬《やえびし》は宮古島の三分の一もあるという巨大な暗礁群で、池間漁民の一番の漁場である。一方、かず多くの人々の命をも奪ってきた。それも八重干瀬にいる凶暴な男神の仕業で、その神は風波を起こし、付近を通る船を難破させると、恐れられてきた。

この男神をなだめるのは、筆岩に祀られている姉神《おなり》で、何かと用事をこしらえては、弟神を筆岩に呼びよせ、男神がいない隙に、船が八重干瀬を無事に航行できるように計らってくれると信じられている。

しかし、筆岩の女神は嫉妬深い。池間の漁師は大潮のとき、筆岩のまわりの浅瀬にサザエや魚を取りにいくが、以前は小さなサバニ（漁船）だったので、日帰りもままならず、数日間、筆岩に寝泊りするのが習いだった。その際、女を連れていこうものなら、筆岩の女神に意地悪をされ、一晩中眠ることができなかったという。そこでニンジンの葉に似たウイキョウをもっていくと、その芳香が悪霊払いに効験があり、事なくして済むといわれている。

昇の運転する五トンの綾羽丸は、秋の大潮のさいごの日に、筆岩にむかった。鷹彦のほかに、秋子も同乗したいと申し出たが、母のトキは、女一人では筆岩の女神の嫉妬が烈しく、事故につながらないとも限らないから、自分も同行すると言い出し、その上、山からウイキョウをとってきて持参することを忘れなかった。

綾羽丸は大神島を右手にみて、東シナ海を北に進むこと四十五分、筆岩に到着した。まわりの干瀬はすでに潮が引いているので、船は近よれない。そこで用意しておいたボートを綾羽丸から降ろし、岸にたどりついた。干瀬の内がわの潮だまりでは、網を張って追込み漁をしている人たちもいた。

筆岩は岩ばかりの小島で、千坪に満たない。樹木は全くなく、岩のくぼみには、海鳥の卵の破片や羽毛が落ちている。筆岩の中央に無人灯台があり、その近くにヘリポートも設けられている。

岩の上を歩くと、線香を焚いたあとのある拝所があった。一同は用意した洗米、塩、酒、それにウイキョウも供えて、赤木家の先祖の海難にあった人たちの鎮魂を筆岩の女神に祈願した。

鷹彦のうしろで手を合わせていたトキは小刻みに身体をふるわしていたが、かすかに声を洩らしはじめた。それがやがて歌となって流れだしたとき、おどろいたのは、周囲の者よりもトキ自身であった。

テンカラヌウマイヤ　　　　　（天からの仰せで）
クガツタチャンキャ　　　　　（九月の月が過ぎぬ内に）
ピキガズム　ムチャンキャ　　（男の心を持たぬうちに）
ナツンイン　タリョイキャ　　（夏の海だった時に）
ミドウンズム　ムチャイキャ　（女の心を持っているうちに）
スマウリル　チャマイバ　　　（島に帰りなさいと言うから）
ミヤクダリ　チャマイバ　　　（宮古に帰れと言うから）

「男の心を持たぬうちに」は、秋になって凶暴な男神の支配する八重干瀬が荒れないうちに、という意味だろうか。また「女の心を持っているうちに」は、筆岩の優しい女神の助けが得られるおだやかな夏の海の頃に、ということなのだろうか。

どうして池間島で旧暦九月におこなわれる粟の豊年祭ユークイの歌の一節が口をついて出たか、トキにも分からない。幼いとき、ユークイに参加して池間島をまわる女たち（ユークインマ）が歌っていくのを聞きおぼえたのだろうか。ただトキは歌いながら心が波立つのをどうしようもない。

潮が満ちてきたので、一同は筆岩を離れることにした。いままで見えていた八重干瀬の姿は波間に沈み、そのあたりと思われるところにまるく白波が立って、折からの夕日に金色に染まっていた。

綾羽丸が池間港の入口に近づいたとき、大型の貨物船に出会ったので、速度を落して、ウパルズ御嶽の鳥居の見える海岸まで待避した。そのとき船の舵をにぎっていた昇の眼に異様な光景が映った。白い手拭鉢巻をしめた白装束の女たち十数名が、ウパルズ御嶽の奥から、海岸の鳥居にむかって降りてきている。

「おい見ろ、あれを見ろ」

昇は船室を飛び出して思わず叫んだ。鷹彦、トキ、秋子も甲板に集まり、昇の指さす方向を凝視したまま、金縛りにあったように立ち竦んでいる。

「あれはユークイの装束よ」トキが云った。

「池間にはツカサが出ないから、誰もウパルズ御嶽に出入りすることはできないはずだ」

「じゃきっとウパルズの神さまたちよ。ユークイがとだえ、ユークインマがいないので、きっと神さまたちが、人間にかわって、ユークイの祭をしているのね」と秋子がつぶやいた。

家に帰って暦を見ると、果してその日はユークイにあたっていた。近所の女の話では、池間島の分村の佐良浜や西原ではその日にユークイを盛大にやっているという。それでは筆岩でユークイの歌がトキの口を衝いて出たのも、神がそれとなく知らせたにちがいないと思って、トキは大粒の涙を流した。

祖神祭のさいご

一九九四年五月二十二日の宮古の地元紙は、宮古群島の緑が、一九七二年の本土復帰後の二十年間に半減したと報じた。面積にたいする森林の割合、すなわち森林率は日本本土で六十七パーセント、沖縄県全体で四十七パーセントであるが、宮古群島はわずか十六パーセントである。これで更に二十年も経ったら、宮古は緑のない裸同然の島になってしまう。

たまたま宮古に滞在中であった私は、その記事を読んで愕然とした。私は緑の衰退を神々の危機と捉えた。狩俣の大森《フンムイ》でも池間のウパルズ御嶽（七森《ナナムイ》）でも、大きな森が神の住居となっている。緑の消滅は神々の居場所をうばうことである。私は宮古の緑をこれ以上後退させないための会を作ろうと即座に決心し、宮古の友人の牧山の協力を得て準備にとりかかった。

その日からちょうど半年目の十一月二十三日に、平良市の一角で「宮古島の神と森を考える会」が発足した。当日大勢の島民がつめかけた会場の最前列に根間カナと鷹彦の姉弟の姿があった。カナの隣りに五十がらみの婦人と、その娘と思われる若い女が坐っていて熱心に話を聞いていた。会が終ったあと私は根間カナに紹介されて、一人が赤木トキ、もう一人はその娘の秋子であることを知った。

二十三年まえに「宮古島があぶない、宮古の根を掘り起こせ」と叫んだ根間カナ、三年まえに「池間島があぶない。池間島の根を掘り起こせ」と神から夢で告げられた赤木秋子。根間カナの弟の鷹彦、赤木秋子の母のトキ。この四名が、「宮古島の緑をたやすな、神をまもれ」と旗あげをした会場に姿を見せた。みんな「神に追われた者」たちであった。

宮古島の神々は危機に瀕していた。とりわけ狩俣の集落では、重要な冬祭である祖《おや》神《かみ》祭を主宰するツカサの数が激減して、これ以上祭をつづけられるかどうか瀬戸際に立っていた。この祭はすでに十八世紀初頭の「宮古旧記」にも載っているが、いつから始まったかを知ることはできない。祭は旧暦の十月から十二月にかけておこなわれるが、その期間中、蔓草のかんむりをかぶったツカサたちは祖神に扮し、狩俣の集落の背後にある大森《フンムィ》の中の粗末な小屋で寝とまりし、五回山ごもりする。そして夜中でも跣足で歩きまわり、神歌《フサ》をうたう。

しかし、三十年前に二十数名いた祖神祭のツカサは、わずか四名に減ってしまい、これ以上減ると、祭をおこなうことは不可能という状態にまで追いこまれた。

それをどうにかして防ぎたいという念願から、「宮古島の神と森を考える会」の第二回集会は一九九五年十一月二十三日に、狩俣で開くことにした。

集会の席上、ミーウヤガン（新しいツカサ）が二名加わるという報せがあって、これでやっと祖神祭もつづけられると、私や牧山はよろこびを頒ち合った。

集会の四日後の十一月二十七日の夜、狩俣の集落は異様に静まり返っていた。家々は早々と戸を閉め、人々は引き籠っていた。その夜にあたらしく祖神となるツカサの誕生儀礼を公然と見ることはきびしい禁忌とされており、道ゆく人影も絶え、石垣ぞいに道の両側に植えられた福木《ふくぎ》の並木の真直ぐな幹が、黒々と星空を目指しているばかりである。私は牧山たちと一緒に、新しいツカサの出る家の前の石垣の蔭に身をひそめた。

ミーウヤガンの参加の仕方は尋常ではない。大森《フンムイ》の中で山ごもりしていたツカサたちが、ひそかに集落に降りてきて、家から連れ去っていく。これは神がおとめを奪い去って自分の嫁とする儀礼である。宮古ではこの行為を神ササギという。ササギは婚姻である。

私たちが息を凝らしていると、とつぜん前の家の灯が消えた。しばらくすると、オオロウ、オオロウという異様な叫び声が私の耳を刺した。蔓草のかんむりをかぶった白衣の一団が、漆黒の闇の中を、風のように通りすぎて、家の中に入った。とたんにツカサたちの神歌がしずかに流れてきた。白衣の群は新しいツカサを取りかこみ、抱くようにして、森の方へ連れ去った。あっという間のできごとであった。

祖神祭の間は、神女たちは家庭をかえりみず、神に奉仕しなければならない。近親者の死に目に会うことも許されない。神に祝福されてその妻となるよろこびと、一時的であれ家族と離れねばならない悲哀、その双方が入りまじったなか、茫然としたまま奪い去られていったミーウヤガンの心情を私は察した。

新しいツカサは三日間の山ごもりを終え、他のツカサたちに導びかれながら、十一月三十日の昼すぎ、大森《フンムイ》から狩俣の集落へ降りてきた。六名のツカサの列が山道を降り、祭の広場を横切る。二名のミーウヤガンが後尾に見える。彼女たちは生まれてはじめて蔓草のかんむりをかぶり、神の杖を手にし、素足で土を踏んでいる。

私は新しく神の嫁となったツカサの顔がはじらいとよろこびに光りかがやいているのを見た。年齢は五十代の終りか六十を越えていて、一家の主婦であり、母であり、祖母であるはずなのに、まるで十八の処女妻のようだと思った。ながらく家庭の女として世俗の生活を送っていたものが、こうも変るものかとおどろきを禁じ得なかった。まぶしく見詰める私の前を、蔓草のかんむりを眼深かにかぶり、前方に身体を固く向けながら、神の嫁が通りすぎてゆく。私は彼女らを礼拝した。

しかしその喜びもながくはつづかなかった。ミーウヤガンが出てから一年半とたっていないのに、祖神祭の終焉の報らせが牧山から私にもたらされた。祖神祭のアブンマ（最高職）を十六年間もつとめた伊良部マツが、引退する。神はすでに夢でアブンマに任務を解くことを知らせているという。私はいそいで狩俣に駆けつけた。

その日、山降りしてくるツカサたちを待つ集落は、張り詰めた空気がただよい、ふるえていた。狩俣の家々から人びとが最後の祭りに立ち会うために集まった。ツカサたちはしっかりした足取りで大森《フンムイ》から降りてきた。御嶽の庭で円陣をつくり、アブンマが真ん中に立って音頭をとり、つぎつぎに神歌《フサ》を歌っていく。ツカサたちが、ザーと呼ばれる広場で神衣裳をとき、すべての任務を終えると、固唾をのんで見守っていた集落の人たちは、駆けよって、ツカサたちにねぎらいの言葉をかけあった。私もかねて知り合いのアブンマの手をにぎった。幾百年もつづいた狩俣の祖神祭のおわりを見届けたことは、私にとってせめてものなぐさめだった。

クジおろし

池間島の神行事をとりしきる五名のツカサ選出は三年ごと、フズウルス（クジおろし）によって選ばれる。クジおろしには、五十歳から五十四歳までの島の女性の名前を一人ずつ一枚の紙に書き、その紙をまるめて盆に載せ、それを自治会長が、元ツカサたちの立会いの下、なんどか揺って一番多く盆から落ちた者をウフツカサときめる。ウフツカサは池間島のツカサの最高職である。次に同じやり方で、神がかりして神歌《フサ》のアヤゴをうたう役のカカランマ、神願いの時の品物をウフツカサに渡す役のナカツカサ、さらにナカツカサの助手役の二名のトモンマを順々に選んでいく。

二十数年まえの一九七七年のツカサ選出の際に異変が起った。当時の自治会長であった和泊隆次が、盆を揺り動かして、クジおろしをした。載せた紙片を全部開いてみると、ある特定の女性の名前が記されていないことが分かった。大騒ぎになり、原因を追求すると、自治会長の和泊は、自分の親戚にあたるその女性から頼まれて、わざと名前を書くのを抜かしたと白状した。女性は、自分には大学生の息子がいて、大事な時期だから、ツカサに出ないように取計ってほしいと申し出、和泊はそれを諒としたのだった。

そこであらためてクジおろしをおこなうと、今度はその女性がウフツカサに当選するという皮肉な結果になった。その女性は強硬に断わった。最高職のウフツカサが拒否した場合、あとの四名が承諾したとしても、祭を主宰し運営することはできない。ということで、池間島の祭行事は、その年からおこなわれなくなった。途中の三年間だけ、ツカサが復活したが、一九八六年からまたずっとツカサが出なくなって、すでに十数年間に及んでいる。池間島は神行事が中断したままである。ウパルズ御嶽は、ツカサと共にでなければ参拝できない規制があるから、池間の島民が信仰の中心にあたる神域によりつけなくなって久しい。

ウフツカサは任期中の三年間は島から一歩も出てはならないというタブーがあり、そのほかもさまざまな制約が課せられている。また年間四十回近い神行事はほかのツカサたちにとっても、大きな精神的、経済的負担であることはまちがいない。

だからといって、池間島民が神信仰を放棄してかまわないということにはならない。もしそうなれば心の支柱を喪失し、荒廃におもむかざるを得ない。赤木秋子が「池間島はあぶない」と神から告げられた背景には、ウパルズ御嶽が閉されて、神行事が中絶してしまっているという現実がある。生命を司る神として宮古中の尊崇をあつめているウパルズ御嶽を閉すということは、宮古の信仰の息の根をとめることではないか。

ツカサの復活を目指して、「宮古島の神と森を考える会」第三回集会は、一九九六年十一月二十三日、池間島で開かれた。会場には池間島民が多く集まり、ツカサ復活を望む気運は大いに高まった。集会の数日後、池間島の自治会が開いた運営委員会でも、また臨時総会でも賛成が多かったので、いよいよ年内にツカサ選出をおこなうという段取りになった。

その年も押し詰った十二月二十七日朝八時、ウパルズ御嶽の鳥居を自治会長や五名の元ツカサがくぐった。神域に入るには誰しも鳥居の前で履物を脱ぎ、跣足《はだし》にならねばならない。元ツカサたちは丈の短かい着物を着、髪にはカンザシを差している。ウパルズ御嶽の正面に神の依代《よりしろ》のクバの木があり、その奥はうっそうと茂る原生林の聖域で、誰も入ることは許されない。黒木や榕樹《がじゅまる》の葉ごしにチラチラと洩れる陽光や、するどく鳴き交う鳥の声が神秘的な雰囲気をかもし出している。

神前にある砂を盛った幾十もの香炉は、神願いのとき、火のついた線香の束を立てるためのものである。その傍を神の使いとされる大きなヤドカリがゆっくり這いまわっている。

軽い祈りがおこなわれたのち、五人の元ツカサが見守るなか、儀式ははじまった。自治会長が島の女性の十七名の名前を記した紙を盆の上で揺りはじめた。盆から落ちた紙片の名前をツカサの一人が記録していく。

すると、ふしぎなことに、赤木トキの名前がもっとも多く出た。ウパルズの神は新しいウフツカサにトキを選んだということがみんなの前で明らかになった。

クジおろしはそれで終了した。自治会長は選ばれた五名の女性の家をたずねて報告する。トキはウフツカサの役をつつしんで受諾した。しかし残る四名は拒否した。辛うじて、次点になった女性がカカランマになって加わってもよいと申し出た。これでツカサは二名になったが、あと三名はどうしても拒否しつづけた。

とりあえずウフツカサとカカランマがいれば、なんとか祭は主宰できる。二人のツカサは意を決し、旧正月元日、池間島の一年間の神行事の始まりの神願いをするために、ウパルズ御嶽に入り、元ツカサ五名にも手伝って貰って、御嶽を掃き清める作業にとりかかった。ウパルズ御嶽は、枯枝や落葉がたまり荒れていた。それを取りのぞき、香炉の砂を一々ととのえた。こうして新しいツカサの手でウパルズ御嶽の十二年間の封印が解かれた。

神がトキに池間の人に嫁にくるように仕向けたのは、ウパルズの祭りをトキにさせるためである、と根間カナが言った。その予言通りのことが、まさしく実現した。

サシバの舞う空

一九九八年十月十四日、宮古に滞在していた私は、ミヤークヅツを見るために、池間島にタクシーを走らせた。ミヤークヅツは池間島でおこなわれる粟の豊年祈願祭である。

池間大橋を渡る途中、池間島の上空にサシバの群がとぶのが見えた。上昇気流に乗って舞っている様子で、上空にあがり、またさがり、渦巻のような鷹柱を見せている。その鷹柱が移動し、まるで道があるかのように、同じ巾で流れていく。それを鷹の川と呼んでいる。

ふだんは宮古本島の下地《しもじ》町久松の空にサシバの群が見られるが、その日は台風が接近しているためか、方向を変えて、池間の上空を舞っている。ピーックイ、ピーックイと哀調を帯びたサシバの鳴声が時折聞える。

私を乗せたタクシーの運転手は、サシバが渡ってくる頃には、細い雨がしとしと降るので地元ではそれを鷹の小便と言っていると教えた。サシバの群が八重山方面に飛び去っても、幼鳥や老鳥、負傷した鷹は宮古島に残って冬を越す。そうしたサシバを「島《すま》の番《ばん》」と呼んで島の守り神にしているとも言った。

サシバはまず渥美半島の突端の伊良湖岬に結集し、中央構造線に沿って一路西へむかい、大隅半島の佐多岬を経由し、奄美の島々沿いに南下をつづけ、沖縄本島と宮古島の間の三百キロの海を一気に横断し、宮古島や伊良部島の森で休む。以前は、寒露の頃になると、宮古の上空は太陽の光を遮るほど、サシバの大群で蔽われたという。その数は近年激減している。サシバの疲れ切った羽を休める森が宮古で次々に消滅してしまったからだ。サシバも神々も森の失われた宮古に居場所がない。

池間島の祭場ではミヤークヅツが始まろうとしていた。ツカサたちがウパルズ御嶽で祈願し、祭場の水浜にかえってきた。ムトウと呼ばれる真謝《まじゃ》、上《あ》げ桝《ます》、前の家《まいぬヤー》、前《まえ》里《さと》の四つの集団のテントがそれぞれ張られ、その中に男たちがたむろしている。

広場の中央に柱が立てられ、酒樽が置かれている。ウフツカサの赤木トキがまず自治会長に盃を授け、他のツカサとの間にも盃が交わされる。昨年の二月八日、旧正月元日、ウフツカサとカカランマの二名で出発した神行事は、今ではもとのナカツカサと二名のトモンマの加勢を得て、形だけは五名そろっておこなわれている。紺ガスリの着物に紫の帯をしめた五名のツカサは中央の柱をめぐりながら、手に扇をもって、踊りの輪の中心になり、それに各ムトウの男たちも加わって、踊りの輪はひろがっていく。見ていると、トキの娘の秋子も踊りの列に入った。そして時折、私に会釈している。ミヤークヅツのミヤークは池間の方言で楽しむという意味である。ヅツは月または節のことで、無事に豊年を迎えて現世を楽しむ祭である。ミヤークヅツのクイチャアーグ（踊りの歌）を歌いながら、いつ果てるとも知れない踊りの輪は、私に渦巻の底にいるような思索の無限旋律をもたらす。

世間の非難を浴び、みずからも汚辱に塗《まみ》れながら、なお神を離さなかった者たちの苦痛とも歓喜ともつかぬ叫び声をながい間、私は追い求めた。その私も、あるいは神に追われた者たちの一人であったかも知れない。

強い浜風に老髪をなぶらせ、よろめく足を泥靴でふみしめて、台風間近い夕焼空を仰いでいる長身の骸骨。

ウパルズ森の上空を仲間から外れた一羽のサシバが舞っている。

●解説――

異様な宗教体験の記録

前田速夫

弟の谷川雁が詩人として、組織者として、早くから世に出ていたのに比べると、谷川健一のスタートは遅かった。「沖の白帆のように動かぬ自分」が「待ちに待ったあげく」、ようやくおとずれた「成熟の最初のひとしずく」が、柳田國男『桃太郎の誕生』との出会いであった。当時、健一は平凡社に勤務しており、以後、宮本常一らを起用して、シリーズ『風土記日本』『日本残酷物語』を企画編集、雑誌『太陽』の初代編集長をつとめたのち、在野の一学徒として民俗研究の道に入った。それは「最終列車の最後尾にやっと飛び乗った」具合で、そう決心した以上は、「息の続く限り裸足で走り続ける」と心に誓ったのである。

その健一が最初に赴いた地が沖縄であり、八重山や先島の島々だった。時に四十七歳、本土復帰三年前の、一九六九年二月のことだった。二か月ほどかけて、本島と八重山の島々を廻り、帰りに寄った宮古島の狩俣集落で、古代がそっくり残る祖先祭《ウヤガン》を見たことで火がつき、その後は、渡り鳥のサシバ（小型の鷹）のように、東京と沖縄、宮古島とを往復し、一か月十日平均、一年で約四か月、各地を回って、家に帰ると三日ぐらい死んだように眠り、そのあと研究執筆と、そのような生活がずっと続いた。

一九六九年、はじめて沖縄通いを始めたとき、私は海岸の風景に心を奪われた。真白い珊瑚礁の砂にくるぶしを埋めながら白波のあがる干瀬《ひし》の風景を眺めるのが好きだった。きらきらと太陽のかがやく青い空は、急にくもって驟雨が訪れる。それも一瞬で、再び明るい空に戻る。生は白で、死は青だ。それが一日の間に眼まぐるしく交替する。そこには死者を永久に閉じこめる息の詰まる世界はない。

沖縄の島々はまわりを暗礁でとりかこまれている。この暗礁は満潮時には波間に没するが、潮が引くと姿をあらわし、まわりに白波があがっている。この暗礁を沖縄本島ではヒシ（干瀬）、宮古ではピシ、八重山ではピーと呼称を異にしている。

ヒシの内側は潮が引くと底が見えるほど浅いが、太陽の光線が海底の砂に反射すると、眼もさめるような碧玉色にきらきらとかがやく。島民は干潮時を見計って魚貝をとり、流木を拾う。これに対してヒシの外側の外洋は急に深くなり、青黒い浪がうねっている。昔は島民も行かない他界であった。沖縄の海はヒシを境にして現世と他界の二重になっている。

死者たちはヒシのかなたの世界で、生の苦患から解放され、しばらく休息しているが、やがてこの世に再生する。死者の世界は薄暮のひかりにひたされていて、暗黒ではない。「明るい冥府」である。

常世が現世から他界へのまなざしであるとすれば、ニライカナイは他界から現世へのまなざしである。一方には求めて得られない翹望があり、他方には慈愛にみちた庇護の感情がある。(「明るい冥府」)

何度読んでも目が覚めるように美しい、わくわくさせられる文章だ。初期の『沖縄・辺境の時間と空間』『孤島文化論』、中期の『海の群星』『南島文学発生論』、そして後期の本書『神に追われて 沖縄の憑依民俗学』、『甦る海上の道・日本と琉球』と、沖縄、宮古島は、谷川民俗学の背骨を形成している。それも、師の柳田國男が標準語を押しつけることに強く反対した以外は、折口信夫に至っては、ほぼ古代にしか関心を示さなかったのに対して、本土復帰後の過酷な現実からも目を逸らさない。

さて、そこで本書である。この作品は、文芸誌『新潮』に四分載されたのち、大幅な加筆修正を経て、二〇〇〇年七月、新潮社から刊行された。第一部「南島の巫女《ユタ》への道」が発表されたのが、一九九四年の新年号だから、それから数えると六年がかり、初めて宮古島を訪れたときから数えれば、なんと三十年余温めてきた、谷川健一畢生のテーマだったわけである。

筆者は九四年十二月号の二回目「洞窟の女神」から、本作の発表に編集者として関わった。ちょうどその年の四月に、古巣の編集部に復帰したこともあって、志願して前任者から担当を譲ってもらったのであった。以後、著者が宮古島へ行くと聞くと、しばしばお供をして、本作に登場する根間カナ、弟の鷹彦、ルチア、秋子（むろん、どれも仮名である）といった人たちと、すっかり仲良くなってしまった。

そのときの思い出はいろいろあるが、一つだけ書く。池間島のウパルズ御嶽《うたき》でツカサたちに神願いをしてもらったときのことだ。決められた時間に遅れそうになって、あわててタクシーで駆けつけたため、うっかりして米、塩、酒、線香を忘れてしまい、それを見咎められて、引き返した。ようやく儀式が始まって、ツカサたちが一斉に呪言を唱える。と、まもなく皆がしきりとアクビをした。神様が乗り移った証拠だよ、と著者が教えてくれた。モルモットにされた私は、ツカサに聞かれるままに、自分の年齢や出身地、家族の構成やらを答える。託宣は、良くない霊が憑いている、秋子に祓ってもらえとのことで、翌日、著者と共におそるおそる彼女の家を訪ねた。そこでも長い祈禱があって、私が先祖の墓参りをおろそかにしているから、こういうことになると、言われた。帰京する前日だったので、そのあと予定通り帰ると妻に電話すると、三歳になる娘が高熱を発し、入院したところだとのこと、これには青くなってしまった。

だからどうだと言うのではない。事実をその通り述べたまでだ。本書の著者も、それぞれのモデルから聞いたことは、すべてその通りに書いており、工夫したのは構成だけだと明言している。

通常の暮らしを送っていた人間が、ある日突然幻視や幻聴に襲われ、真夜中ふらふらとさ迷い歩く。食事も受けつけなくなり、頭が割れるように痛い。逃げても逃げても、神は追ってくる。神に魅入られた人間は、天国ではなく地獄を見せられるのである。苦しみ喘ぎながら御嶽を経巡るが、神の試練、神ダーリの状態はとどまることを知らない。神の資格を得るまで、誰もが通過しなければならないこの異様な宗教体験は、いったい何を意味するのか――。

谷川健一は数え六歳になった年、イエスが十字架に架けられる場面を映画で見て、失神しそうになった過去のある人である。そのときのことを、自伝でこう書いている。

今まで乳が流れていた血管に、真っ赤な血が流れめぐるような衝撃をおぼえた。私の前には、愛と恐怖が入り混り、沸騰する世界があった。

その夜、家に帰ってからも、ヘロデの嬰児虐殺の場面が次々に夢に出てくる。それをきっかけに、私はイエスに強い親近感をおぼえた。毎晩イエスの夢を見ようとするが、夢の中にイエスは一度も出てこない。そこで私はノートの端っこに十字架にかかったイエスの姿を描いた。両手に釘を打つところは、自分も息を詰め、イエスが苦痛に苛まれている感じをあじわおうとした。(『妣の国への旅』)

これは、柳田國男が少年時代、祠《ほこら》の中に収められた玉石を見つめているうち、急におかしくなって気を失ったという、あの体験に匹敵しよう。ふたりとも、生来、宗教にきわめて敏感な人間だったのである。

著者が長い思想的混迷期を送ったことをはじめに書いたが、それはカトリックの信仰やパスカルの思想に強く惹かれながらも、その西欧的な思考を全面的に受け入れられなかったことにかかわる。しかし、本書で神に追われる者たちを記録する著者に、それがいかに過酷なものであろうと、もはや懐疑はない。

世間の非難を浴び、みずからも汚辱に塗れながら、なお神を離さなかった者たちの苦痛とも歓喜ともつかぬ叫び声をながい間、私は追い求めた。その私も、あるいは神に追われた者たちの一人であったかも知れない。

強い浜風に老髪をなぶらせ、よろめく足を泥靴でふみしめて、台風間近い夕焼空を仰いでいる長身の骸骨。

ウパルズ森の上空を仲間から外れた一羽のサシバが舞っている。

見事なラストである。このことと、健一が憧憬してやまない南島の「明るい冥府」、すなわち水平線のかなたの他界に死後の魂の行方を望むこととは、矛盾しない。それが同居しているのが、南島なのである。

（民俗研究家）

＊本書は、谷川健一『神に追われて』（新潮社、二〇〇〇年七月刊／初出――『新潮』一九九四年一月号、十二月号、一九九七年五月号、一九九九年一月号）を改題し文庫にしたものです。なお、市町村名は原則として単行本刊行時のママとしました。

神《かみ》に追《お》われて
沖縄《おきなわ》の憑依民俗学《ひょういみんぞくがく》

二〇二二年 一 月一〇日 初版印刷
二〇二二年 一 月二〇日 初版発行

著　者 谷川健一《たにがわけんいち》
発行者 小野寺優
発行所 株式会社河出書房新社
〒一五一-〇〇五一
東京都渋谷区千駄ヶ谷二-三二-二
電話〇三-三四〇四-八六一一（編集）
〇三-三四〇四-一二〇一（営業）
https://www.kawade.co.jp/

ロゴ・表紙デザイン 粟津潔
本文フォーマット 佐々木暁
本文組版 株式会社ステラ
印刷・製本 中央精版印刷株式会社

Printed in Japan ISBN978-4-309-41866-7

ツクヨミ　秘された神

戸矢学　41317-4

アマテラス、スサノヲと並ぶ三貴神のひとり月読尊。だが記紀の記述は極端に少ない。その理由は何か。古代史上の謎の神の秘密に、三種の神器、天武、桓武、陰陽道の観点から初めて迫る。

知っておきたい日本の神様

武光誠　41775-2

全国で約12万社ある神社とその神様。「天照大神や大国主命が各地でまつられるわけは？」などの素朴な疑問から、それぞれの成り立ち、系譜、ご利益、そして「神道とは何か」がよくわかる書。

日本人の神

大野晋　41265-8

日本語の「神」という言葉は、どのような内容を指し、どのように使われてきたのか？　西欧のGodやゼウス、インドの仏とはどう違うのか？　言葉の由来とともに日本人の精神史を探求した名著。

隠された神々

吉野裕子　41330-3

古代、太陽の運行に基き神を東西軸においた日本の信仰。だが白鳳期、星の信仰である中国の陰陽五行の影響により、日本の神々は突如、南北軸へ移行する……吉野民俗学の最良の入門書。

三種の神器

戸矢学　41499-7

天皇とは何か、神器はなぜ天皇に祟ったのか。天皇を天皇たらしめる祭祀の基本・三種の神器の歴史と実際を掘り下げ、日本の国と民族の根源を解き明かす。

応神天皇の正体

関裕二　41507-9

古代史の謎を解き明かすには、応神天皇の秘密を解かねばならない。日本各地で八幡神として祀られる応神が、どういう存在であったかを解き明かす、渾身の本格論考。

天皇と賤民の国

沖浦和光　41667-0

日本列島にやってきた先住民族と、彼らを制圧したヤマト王朝の形成史の二つを軸に、日本単一民族論を批判しつつ、天皇制、賤民史、部落問題を考察。増補新版。

ニギハヤヒと『先代旧事本紀』

戸矢学　41739-4

初代天皇・神武に譲位した先代天皇・ニギハヤヒ。記紀はなぜ建国神話を完成させながら、わざわざこの存在を残したのか。再評価著しい『旧事記』に拠りながら物部氏の誕生を考察。単行本の文庫化。

日本書紀が抹殺した　古代史謎の真相

関裕二　41771-4

日本書紀は矛盾だらけといわれている。それは、ヤマト建国の真相を隠すために歴史を改竄したからだ。書記の不可解なポイントを30挙げ、その謎を解くことでヤマト建国の歴史と天皇の正体を解き明かす。

日本人の死生観

吉野裕子　41358-7

古代日本人は木や山を蛇に見立てて神とした。生誕は蛇から人への変身であり、死は人から蛇への変身であった……神道の底流をなす蛇信仰の核心に迫り、日本の神イメージを一変させる吉野民俗学の代表作！

完本 聖徳太子はいなかった　古代日本史の謎を解く

石渡信一郎　40980-1

『上宮記』、釈迦三尊像光背銘、天寿国繡帳銘は後世の創作、遣隋使派遣もアメノタリシヒコ（蘇我馬子）と『隋書』は言う。『日本書紀』で聖徳太子を捏造したのは誰か。聖徳太子不在説の決定版。

現代語訳 日本書紀

福永武彦〔訳〕　40764-7

日本人なら誰もが知っている「古事記」と「日本書紀」。好評の『古事記』に続いて待望の文庫化。最も分かりやすい現代語訳として親しまれてきた福永武彦訳の名著。『古事記』と比較しながら読む楽しみ。

現代語訳 古事記

福永武彦〔訳〕 40699-2

日本人なら誰もが知っている古典中の古典「古事記」を、実際に読んだ読者は少ない。名訳としても名高く、もっとも分かりやすい現代語訳として親しまれてきた名著をさらに読みやすい形で文庫化した決定版。

日本の聖と賤 中世篇

野間宏／沖浦和光 41420-1

古代から中世に到る賤民の歴史を跡づけ、日本文化の地下伏流をなす被差別民の実像と文化の意味を、聖なるイメージ、天皇制との関わりの中で語りあう、両先達ならではの書。

陰陽師とはなにか

沖浦和光 41512-3

陰陽師は平安貴族の安倍晴明のような存在ばかりではなかった。各地に、差別され、占いや呪術、放浪芸に従事した賤民がいた。彼らの実態を明らかにする。

現代の民話

松谷みよ子 41321-1

夢の知らせ、生まれ変わり、学校の怪談……今も民話はたえず新たに生まれ続けている。自らも採訪し続けた「現代民話」の第一人者が、奥深い「語り」の世界を豊かに伝える、待望の民話入門。

花鳥風月の日本史

高橋千劔破 41086-9

古来より、日本人は花鳥風月に象徴される美しく豊かな自然のもとで、歴史を築き文化を育んできた。文学や美術においても花鳥風月の心が宿り続けている。自然を通し、日本人の精神文化にせまる感動の名著！

一冊でつかむ日本史

武光誠 41593-2

石器時代から現代まで歴史の最重要事項を押さえ、比較文化的視点から日本の歴史を俯瞰。「文明のあり方が社会を決める」という著者の歴史哲学を通して、世界との比較から、日本史の特質が浮かび上がる。